明日も元気に学校に来てください

人生に悩む
みゃー先生〔著〕

Parade Books

はじめに

みなさん、はじめまして。みゃーと申します。
本を手にとっていただき、ありがとうございます。

小学生の頃の私の夢…実は
「マンガの描ける教師」でした。
なんだかんだで今、それに近いことを
しているなんて不思議です。
でもそれは、一本道では全くなく…。

大学では教育学部で学ぶも… → 民間企業に7年ほど勤め → ようやく小学校教員に！

約8年間の教員生活は、非常に密度の濃い時間でした。

子供たちの発想や
成長におどろかされたり

教材研究で
新たな発見をしたり

学級の落ち着かなさに
悩んだり

指導案ができず
トイレで
1時間泣いたり

保護者の方と
仲良くなったり
時にクレーム
もらったり

私の働き方はいつも「全力モード」に設定されていて…

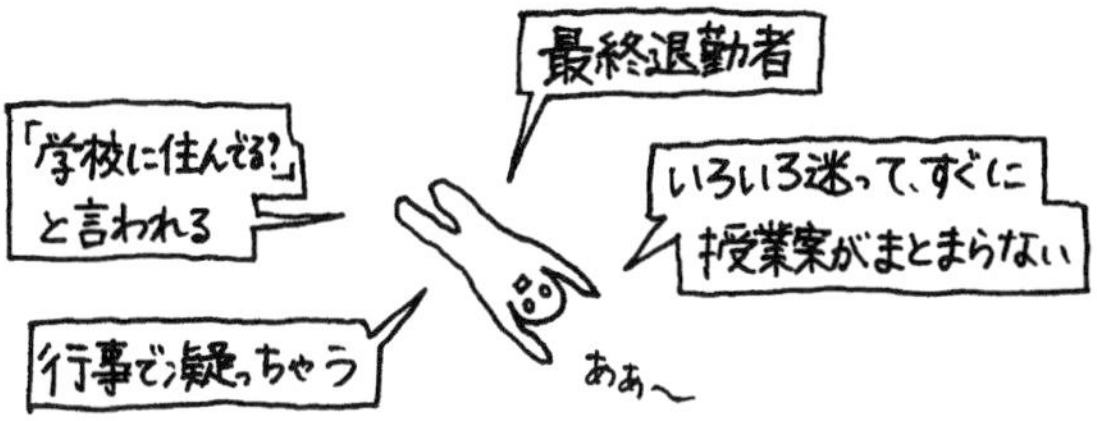
最終退勤者
「学校に住んでる?」と言われる
いろいろ迷って、すぐに授業案がまとまらない
行事で凝っちゃう
あぁ〜

平日は朝から晩までフル稼働。土日も、遊びに行ったりするものの、頭の中には仕事のことが…。そして、ふと思ったのです。

このままでは私、「仕事しかしない人生」になるのでは?と。

OFF
ON
というわけで…

考えたり相談したりして、正規の教員を退職することに決めました。

退職してからは、いろいろなことをしながら、自分の人生を模索しています。

遠くにいる友達や育休中の人に会う

国内・海外旅行に行く

塾講師や他校種のサポーター

時間と心に余裕ができたので、これまでのことをnoteというアプリにまとめてみることに。意外に書けるものです。なんと350記事以上!私の経験や考えを読んで、誰かがくすっと笑ってくれたらうれしいですし、もしかすると誰かのヒントになるかと思い、本にすることにしました。楽しんで読んでいただければ幸いです。

目次

3 学級経営あれこれ …… 033

4 こんな授業やってみた …… 065

1

私のこと

小学校の先生という仕事

教員4年目に担任した6年生。キャリア教育で子供たちがいろいろな職業について調べまとめているとき、私は、教員について考えていた。

広告会社、ブライダル、教員……と転職歴のある私にとって、仕事としては3つ目。教員はその中でもこれまでで一番自由度が高く、責任が重く、やることが多岐に渡る。子供たちは思うように動いてくれないし、授業はうまくいかないし、時にいじめが起きたり保護者からクレームをもらったりするし……尋常じゃなく忙しい。いつも悩みながら全力でやってきて、思ったことが次ページのマンガである。

こうなってほしいと思って指導するけれど、「自分がこの子たちを変える！　成長させる！」とは全然思わない。ただ、こちらの想像を超えてぐんぐん育つ子供たちを見ていたい。**だって……面白いから！**　これがきっと、自分のスタイルなんだなあ。

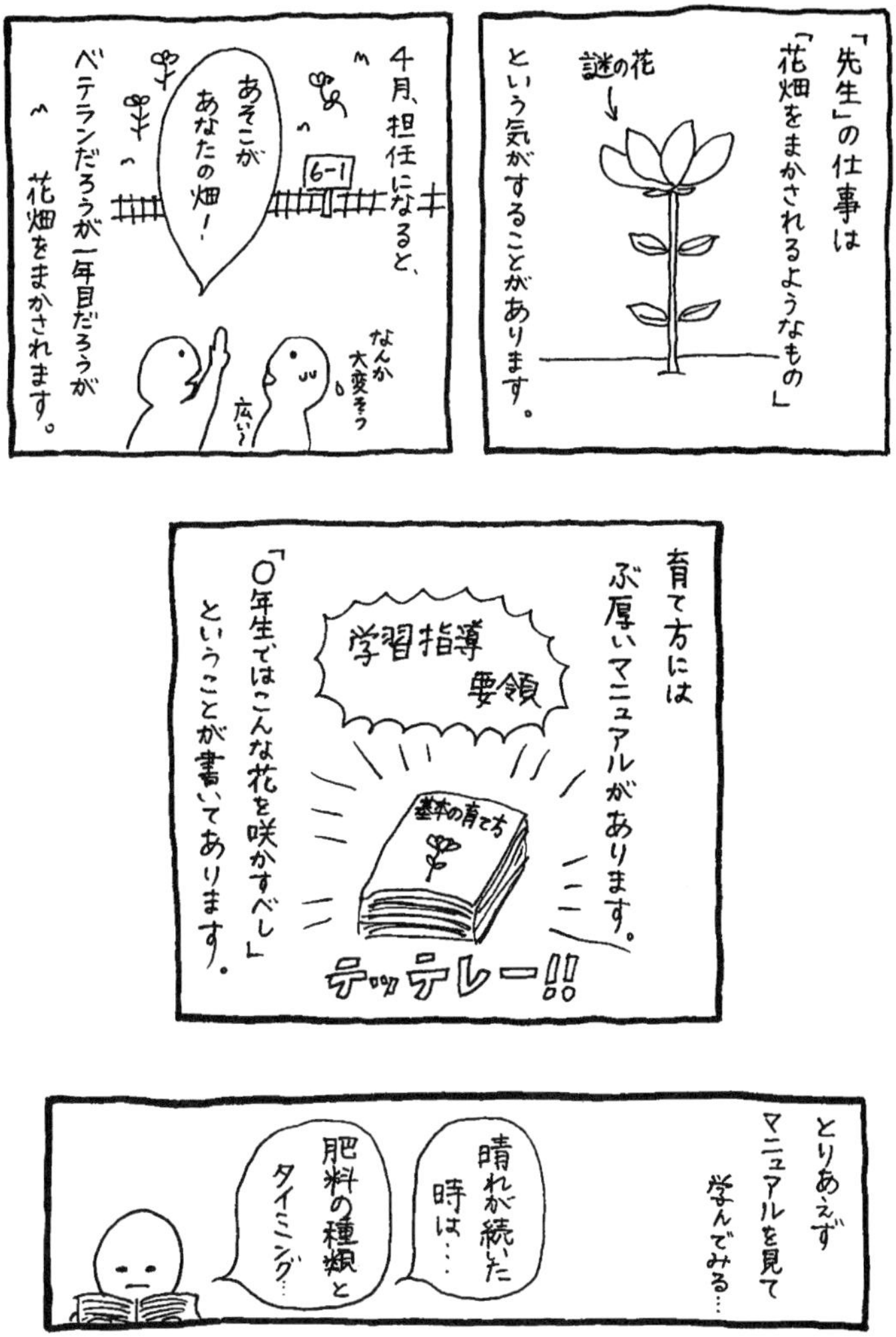
「先生」の仕事は
「花畑をまかされるようなもの」
謎の花
という気がすることがあります。
4月、担任になると、
6-1
あそこがあなたの畑！
なんか大変そう
広い〜
ベテランだろうが一年目だろうが
花畑をまかされます。
育て方にはぶ厚いマニュアルがあります。
学習指導要領
基本の育て方
テッテレー!!
「○年生ではこんな花を咲かすべし」
ということが書いてあります。
とりあえずマニュアルを見て学んでみる…
晴れが続いた時は…
肥料の種類とタイミング…

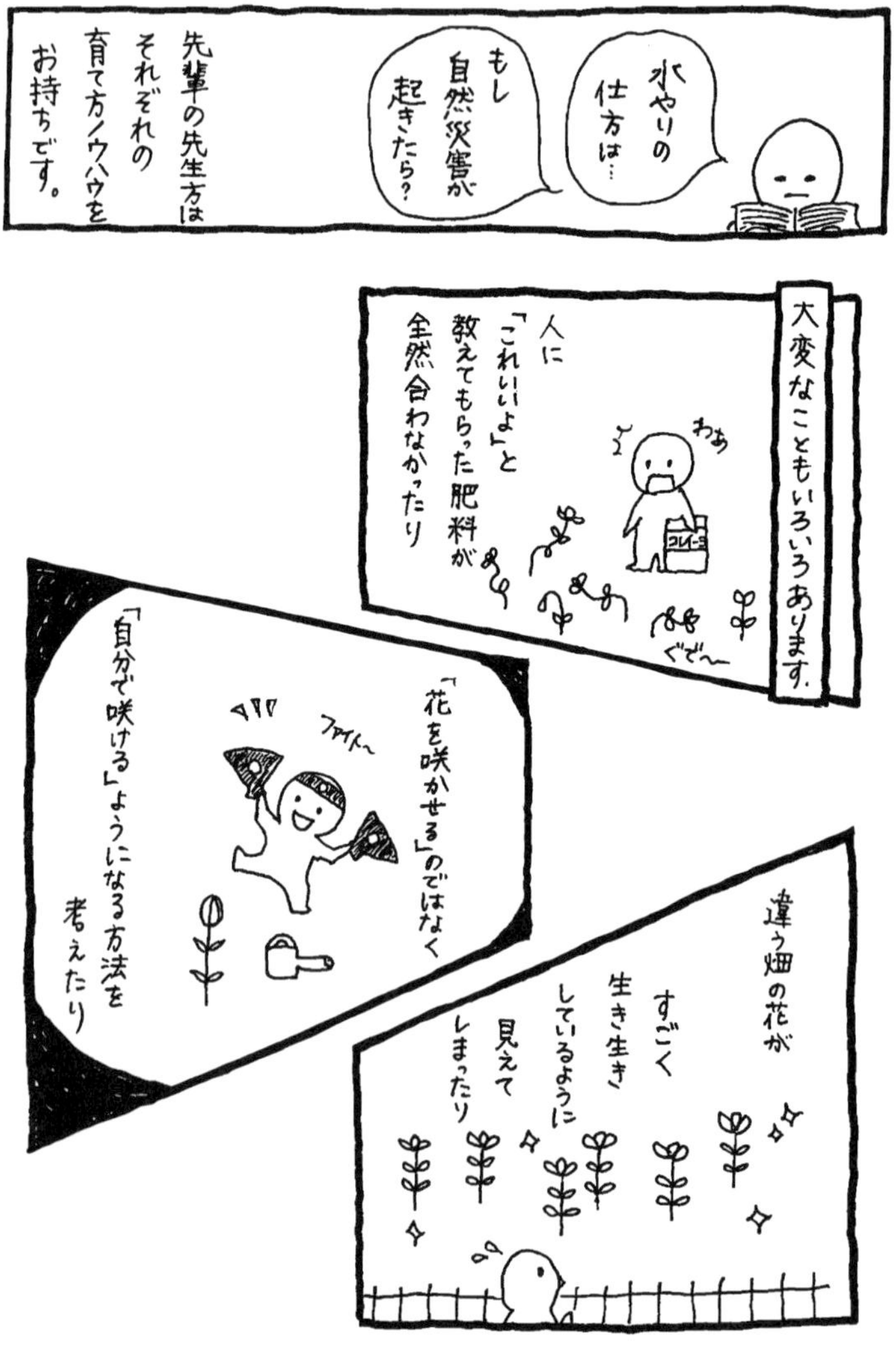
水やりの仕方は…
もし自然災害が起きたら?
先輩の先生方はそれぞれの育て方ノウハウをお持ちです。
大変なこともいろいろあります。
人に「これいいよ」と教えてもらった肥料が全然合わなかったり
わぁ
ぐで〜
「花を咲かせる」のではなく
「自分で咲ける」ようになる方法を考えたり
ファイト〜
違う畑の花がすごく生き生きしているように見えてしまったり

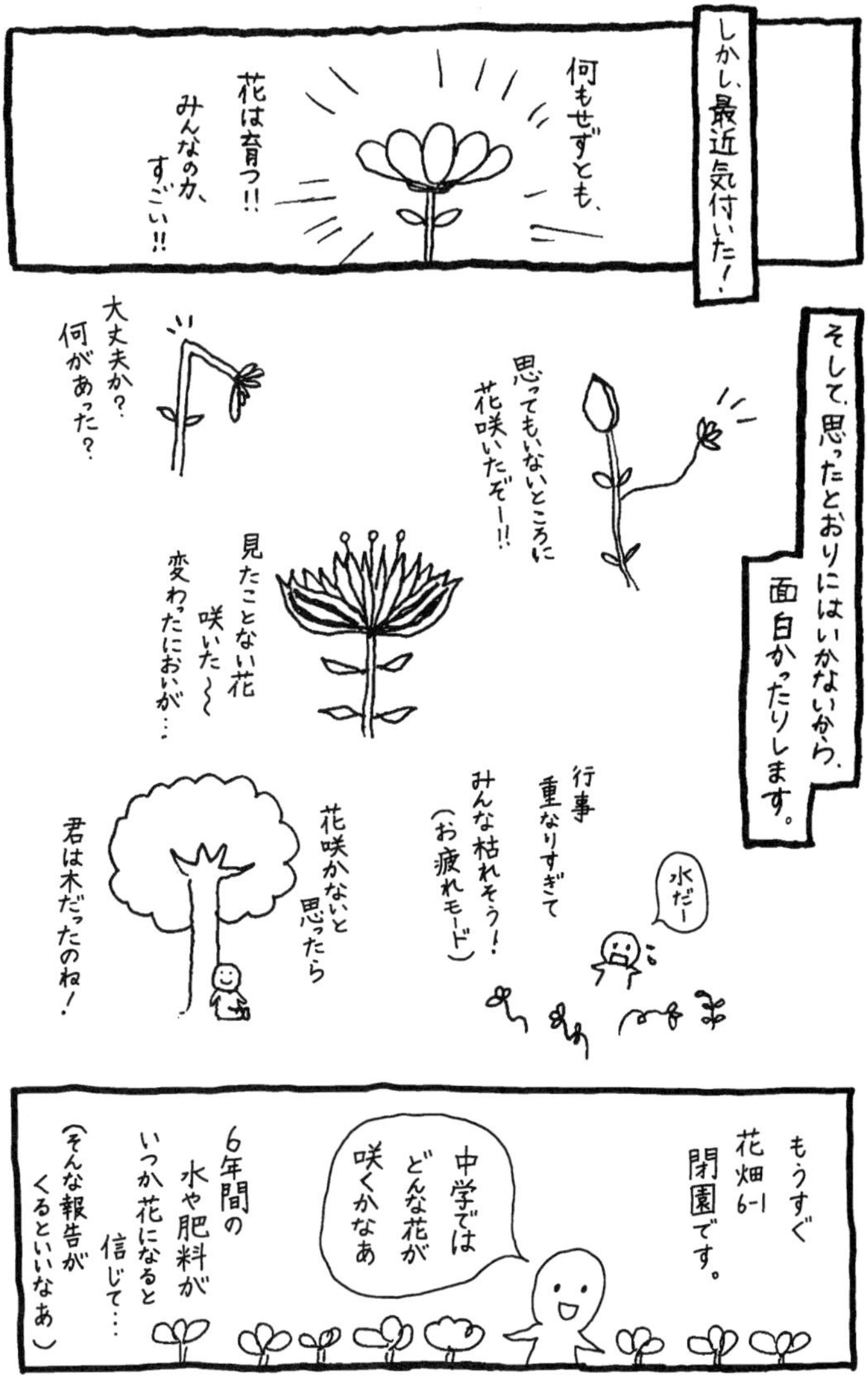
しかし、最近気付いた!
何もせずとも、
花は育つ!!
みんなの力、すごい!!
そして、思ったとおりにはいかないから、面白かったりします。
思ってもいないところに花咲いたぞー!!
大丈夫か? 何があった?
見たことない花咲いた〜〜
変わったにおいが…
行事重なりすぎてみんな枯れそう!
(お疲れモード)
水だー
花咲かないと思ったら
君は木だったのね!
もうすぐ花畑6-1閉園です。
中学ではどんな花が咲くかなあ
6年間の水や肥料がいつか花になると信じて…
(そんな報告がくるといいなあ)

納豆大好き中村先生

初任校でお世話になった先生から学んだことで、今でも非常に役立っているものがある。それは……自己紹介！

中村先生という、パワフルで、音楽や民舞や大道芸が大好きで、書写も得意で、子供のやりたいことを大切にするベテランの先生だ。（こうして並べてみると、とても文化的で特別活動に強い……濃ゆ〜い先生だなぁ）

中村先生が全校に着任のあいさつをしたときだったか、1年生を担任することになったときだったか……自己紹介でこう言っていた。

「私の好きな食べ物は納豆です。納豆の『な』と中村の『な』は同じですね。ですから皆さん、納豆大好き中村先生って覚えてくださいね。」

おお〜！めちゃくちゃ分かりやすいし覚えやすい！そして4月、日直で各教室を見回りしたとき、1年生の教室の後ろにはラミネートされた4つの大きな写真が貼ってあった。確か「納豆」「カボチャ」「紫いも」「ラーメン」じゃなかったかな？「な」「か」「む」「ら」が見事に並んでいる。あぁ……自己紹介からの1年生への語彙指導！すごい！

これまでの自分の自己紹介では、趣味や特技、やっていたスポーツなどをぐだぐだしゃべることが多かったけれど、異動したら絶対この自己紹介を使わせてもらおう！と、異動する3年前からそう決めるほど、簡潔で分かりやすく、心に残ったのだ。

そして迎えた初異動。なんとその年、着任のあいさつを私含めて8人が行うことに。一人一人に時間をかけるわけにいかない。この後、入学式が控えているのだ。マイクは2番目に渡ってきた。
「皆さん、初めまして。みゃーと言います。私……みかんが好きで。それも、缶詰のつるんとしたみかんです。みかんの『み』と、みゃーの『み』って同じですね。私のことはぜひ、『みかん大好きみゃー先生』って覚えてください。」

我ながら、完璧にパクれたと思う。笑

子供たちは、にこにこと話を聞いてくれた。始業式の後、一緒に挨拶した人たちから「あの自己紹介、いいですね。持ちネタですか？」と言われた。廊下で会った知らない子に「みかん大好きみゃー先生だ！」と言われることもあった。

その後、この自己紹介は自分の中で定着。正規教員を退職した後は、校種の違う仕事や民間の学習塾など様々な仕事に携わったが、子供たちと初めて会うときにこの自己紹介は重宝している。特に塾の夏期講習では、その1回しか会わない子供もたくさんいる。だからといって「はい、よろしく。授業始めるよ。」とはあまりしたくないし、時間をかけすぎるとやるべき内容が終わらない。そんな時は、さっきの自己紹介に、「時々さ、間違えてみかん先生って覚えちゃう人がいるんだけど、それだと私の名前なくなっちゃうから！みゃー先生だからね！」

と付け加え、クスッとひと笑いしてもらって授業を始めることにしていた。

皆さんはどんな自己紹介ネタをお持ちだろうか？

ぜひ教えていただいて、自分の引き出しを増やしたいところである。

先生は、超能力が使えるんだよ

年度初めや長期休業明けなどに、楽しい雰囲気を作り出す道具……「お魚浮沈子」！　仮説実験授業のサークルで教えていただいてから、手軽な準備でできるこのツールにすごく助けてもらってきた。

浮沈子とは、容器を押したり離したりすることで、中にあるものが浮いたり沈んだりする、圧力と浮力の関係を利用したおもちゃである。

「先生……実は魔法が使えるんだよね。」

Before

After

そう言うと、それまでざわついていた教室が静かになって、みんなが注目するのが分かる。やって見せたときのえっと驚いた顔、その後休み時間に自分もと挑戦しているときの顔。みんなとてもいい顔をしている。

ただの手品ではなく、科学の力っていうのがいいなあ！

私の体感だが、普段勉強が苦手な子ほど食いつくこのお魚浮沈子。注目度も抜群だし、素で驚いてくれるので可愛らしい。しかし以前、これを巡ってけんかを勃発させてしまうという失態を犯してしまった。余計なことをしてしまった……。余興はほどほどに。

<材料>
・500mlペットボトル
・魚型のしょうゆさし
・ナット（しょうゆさしの口にはまる大きさ）

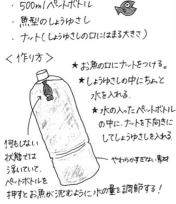

<作り方>
★お魚の口にナットをつける。
★しょうゆさしの中にちょっと水を入れる。
★水の入ったペットボトルの中に、ナットを下向きにしてしょうゆさしを入れる。

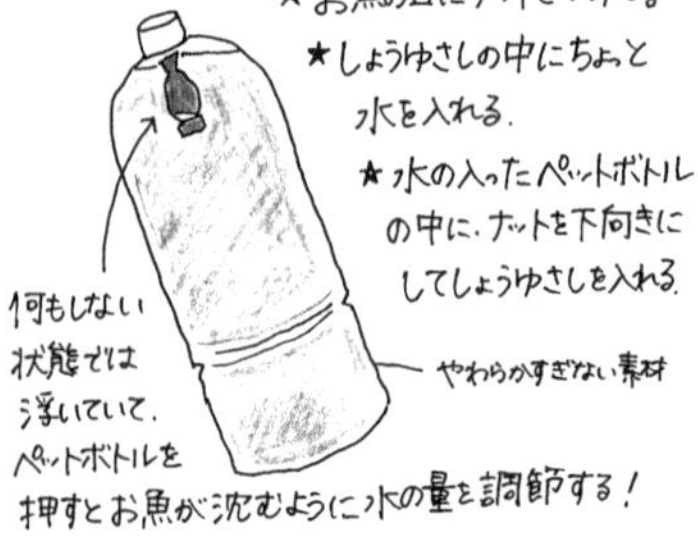

やわらかすぎない素材
何もしない状態では浮いていて、ペットボトルを押すとお魚が沈むように水の量を調節する！

実は、先生は魔法が使えてね…？
フフフ…
ザワッ
↑休み明けに「先生、休みの間に魔法が使えるようになってね…？」でもOK!!
ほいっ!!!
魚を糸でひっぱる仕草をしながらペットボトルの腹を押す!!
糸がないか さわりに来る子がいる
えええ？

お魚浮沈子の効果

私の主観ですが…

何年生でもいける！

ためしたのは、1年・3年・6年ですが、どの学年でもウケました。
学年というよりは、科学教室とかで浮沈子の存在を知ってる子がいるかいないかが大きい気がします。

今度の先生は、魔法が使えるんだよ！！

と、お家で言ってくれる1年生はたぶん多い。上の学年でも、何か楽しそうな先生と思ってくれる。

？？？
次やらせてー
先生ー！△△ちゃんも魔法使えたー！

休み時間に置いておくと、みんな試してくれるし。

ある時の6年生では、披露した翌日に気難しい受験男子が話しかけてきたりした！

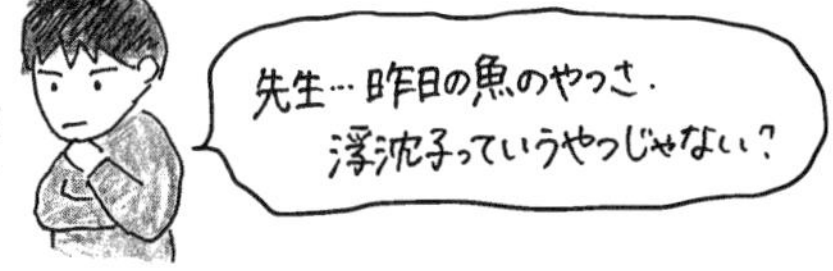
先生…昨日の魚のやつさ、浮沈子っていうやつじゃない？

色とかつけるとよい

ちなみに私は、完全な種あかしはしません。でも、「これは、科学の魔法なんだよ」と伝えて、学びの楽しさにつなげることを意識しています。

浮力と圧力、すげ～✧

学級だよりでオープンマインド

1月のとある土曜日。朝から全っっっっっっっくやる気が起きず、このままでは土曜日が台無しだ……と思い、辛うじて今月の仮説実験授業サークルへ。このサークルでは、参加者が好きなトピックスで発表をし合う。発表をせずに近況報告だけをするのもOK。日本の貿易、年賀状、溶解、炭素分子……いろんなジャンルの話を聞いてきた。発表の中で、「病休日記」という資料を出してきた方がいた。久しぶりに参加した私には経緯は全く分からなかったが、どうやら心の病が原因で小学校教員をお休みしているようである。休み中に訪れた遺跡や研究会、考えたことなどがミニ冊子になっていた。しんどい状況の中でも感じたことを残そうとする姿がすごいなと、驚かされた。

私も以前、月1回程度の頻度で学級だよりを発行していた。もちろん子供たちの様子も書くけれど、自分の考えたことや身の回りで起きた面白エピソードも載せていた。学級だよりしかりｎｏｔｅしかり、自己開示って大事。

そしてこれは私に合った自己開示のやり方であって、人はそれぞれ得意な表現方法をもっている。歌うとか、空手で段をもっているとか、失敗談をとっても面白く伝えられるとか。先生という仕事は、なんでも生かせるところがすごい。

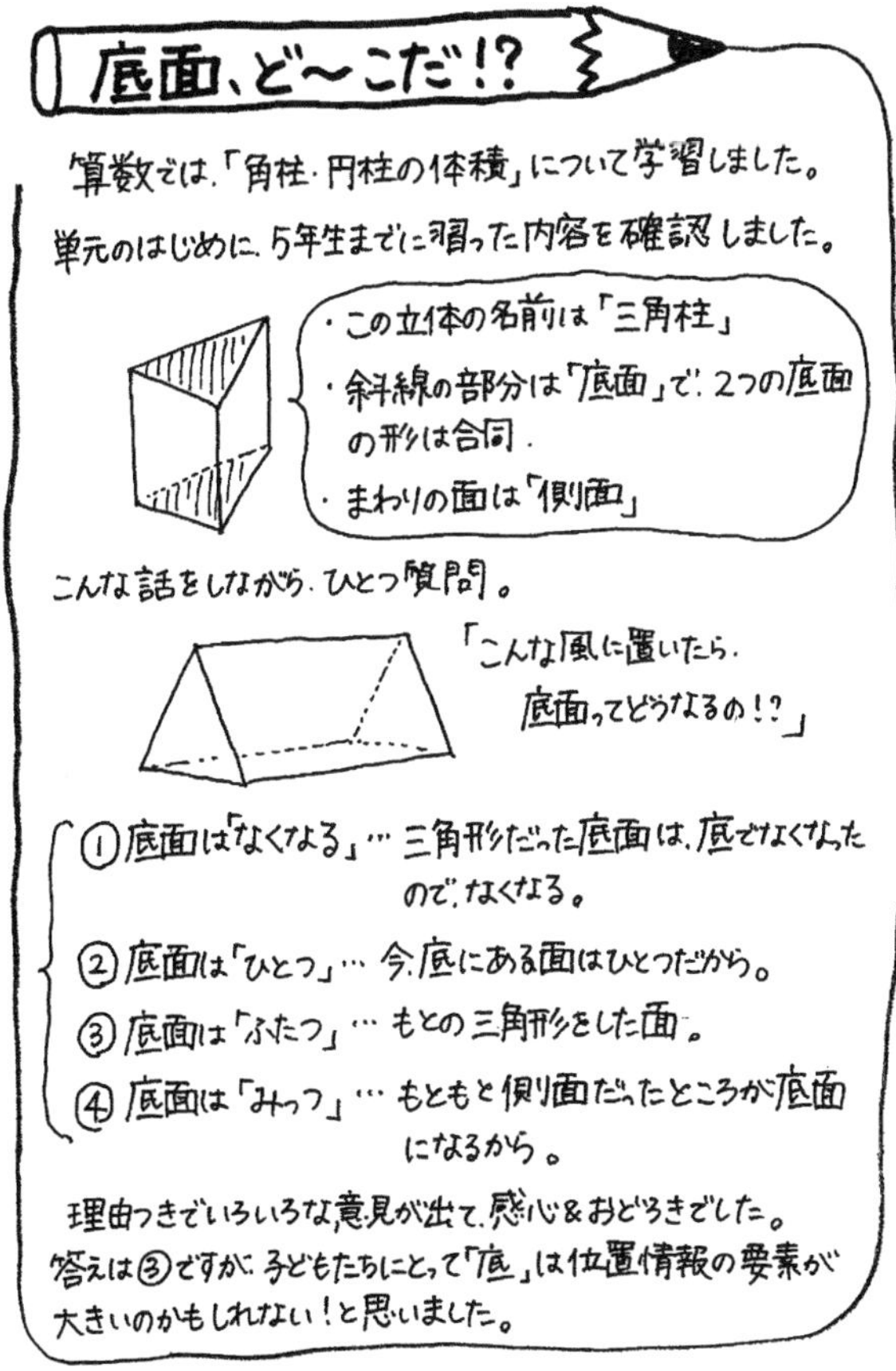
底面、ど〜こだ!?
算数では、「角柱・円柱の体積」について学習しました。
単元のはじめに、5年生までに習った内容を確認しました。
・この立体の名前は「三角柱」
・斜線の部分は「底面」で、2つの底面の形は合同。
・まわりの面は「側面」
こんな話をしながら、ひとつ質問。

「こんな風に置いたら、底面ってどうなるの!?」
①底面は「なくなる」… 三角形だった底面は、底でなくなったので、なくなる。
②底面は「ひとつ」… 今、底にある面はひとつだから。
③底面は「ふたつ」… もとの三角形をした面。
④底面は「みっつ」… もともと側面だったところが底面になるから。
理由つきでいろいろな意見が出て、感心&おどろきでした。

答えは③ですが、子どもたちにとって「底」は位置情報の要素が大きいのかもしれない!と思いました。

こんな風に真面目に授業について
書くこともあれば"…

★音楽「ふるさと」学習後

先生～!!
「ふるさと」って曲はやばいよ!!
「うさぎ おいしい」って、うさぎ食べてます！
追いし、ね…
「イカにいます父母」って、食べられてるよ!!
たすけて～
如何に、ね……

～体力のおとろえを感じる～

体力オバケの子供たち。そしておとろえゆく己の体力。先日、残念だったのは

増やしおにで
ハァ
担任
ハァ
誰一人増えず!!

という事件。いかに最初のうちにつかまえておくか… が大切だと気付きました。

～卒業式練習後の帰り道～

私多分、当日ゲロ吐くわ…
オレも！多分口から心臓出てくる！
がんばって！大丈夫よ！

子供の様子や面白エピソードは鉄板！

個人的などうでもいいことも…。

本当に本当にどうでもよい話

（冬休みの私の家であったこと）

① おわんと茶わんがすっぽりはまってとれない

大きさがちょうどよいのか、食事の片付けのときにすっぽりはまり、もう2週間ほどそのままです…。

このすき間で何かくさったりしていないか心配

② PCで音楽をランダム再生していると、学芸会用の音響がたまに入ってくる（教員あるある）

キキー!!
ドン!!
…ピーポーピーポー
（事故の音）
さっきまで星野源が流れていたのに…

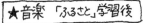

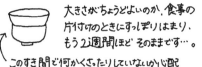

2

子供って面白い

子供が可愛いなあと思うとき

世の中の小学校教員は、日々学級で子供たちと戦っていることが多いのではないかと思う。毎日、素直で可愛らしい子供たちに囲まれて、子供たちはみな仲良く楽しく学び、笑顔で帰っていく……なんてことはなかなかあり得ない。個人的な感覚では、「自分の思うように動かしたい」と思ってしまうときに戦いが起こりやすい。

とは言え、大人では到底思い付かないようなアイデアを教えてくれたり、先を考えない大失敗をしたり、なぜそうなった?みたいな面白い行動をしたり……と、子供って本当に見ていて飽きない。そう思えるエピソードの一端をご紹介。

時々、授業中の何も関係ないタイミングで歌が始まることがあります。
なぜ今…?
音楽の授業で習ったものだったり、運動会の曲だったり… 自然発生し、広がり、私に指摘されて終わります(笑)

▲ 突然歌いだす　本当にCMソングの刷り込み力って偉大!

プールの
神よ〜〜
われを入らせたまえ〜〜

◀ 晴れ乞いをする
プールに入りた過ぎる子が雨乞いならぬ晴れ乞いをしていた。ちなみにこれ、顔には水泳帽をかぶっている。

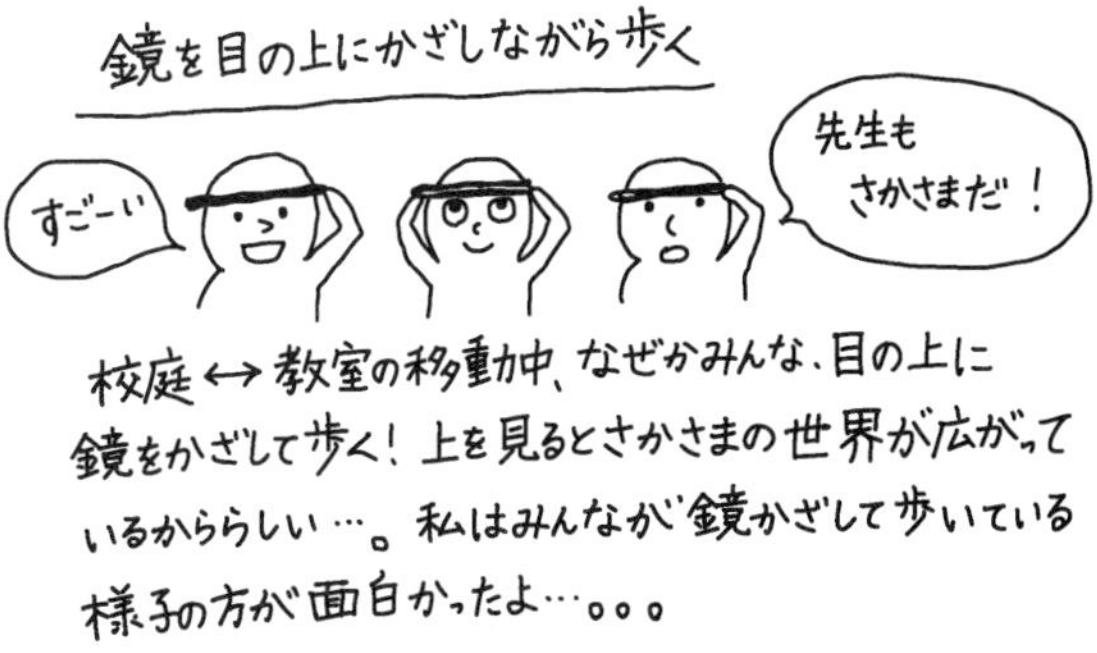
鏡を目の上にかざしながら歩く
すごーい
先生もさかさまだ！
校庭↔教室の移動中、なぜかみんな、目の上に鏡をかざして歩く！上を見るとさかさまの世界が広がっているかららしい…。私はみんなが鏡かざして歩いている様子の方が面白かったよ…。。。

▲ 与えられた教材を別の用途で使う
光の性質を調べるための鏡だったはずが……。

本当に見かけた
謎の行動
「のこぎりをおそれすぎて極力さわらないようにしようとする子」
2学期図工の山場だったのこぎり。初回の授業で見かけた光景。逆に危険。その子は満面の笑みで
ちなみに翌週、ガッガッツ木材を切っていました。
無理！無理！
ケース入り

▲ のこぎりに極力触らないようにする　そっちの方が逆に怖い！見ているこっちも怖い！

おいしい給食とその周りに現れる謎行動の子供たち

小学生時代の自分にとって、給食は地獄の時間だった。なにしろ好き嫌いが多かったのだ。嫌いなもの……それは、野菜と果物全般。**絶対避けられない！！！**というこ とで、カレーライスとわかめサラダの日くらいしか手放しで喜べる日はなかったし、先生からここまでは食べなさいなどと言われたものもなかなか食べ進まず、掃除が始まっても後ろに寄せられた机に埋まって食べ続けていた。そういう経験がある人は他にもたくさんいるのではないだろうか。

自分には嫌な記憶が多いけれど、教員になってみると、給食を心待ちにしている子の多さに気付かされる。そして、目に入ってくる謎行動たち。笑

コロナ禍で、大人たちが経験し想像している給食とは在り方が変わったところも。けれども、子供たちの給食愛が変わることはないのであーる！

① 1人がやると、周りもたいていやる

にいっ
オレンジ
ほぼ男子

② おかわりじゃんけんに勝つも「じゃんけんしたかっただけ」という理由で辞退するやつ（新たなトラブルをうむ）

○○にやるよ
いや、勝ったら食べなさい

③ おかずとデザート、どっちのおかわりじゃんけんに参加するか、自分内じゃんけんで決めようとするやつ

肉
デザート
よし！今日は肉にする！

④ 献立表に向きを合わせるやつ

5月のこんだて
明日、ハンバーグじゃん！
楽しみだね～。
ごめんよ貼る向きまちがえた。

＜レアキャラ＞
無意味な声かけをしてスープ配るやつ

Beef or Chiken?
いや、君が配ってるのはスープや！

キュンとした言葉

図工専科として授業が始まった。授業で書いてもらった振り返りの中に、なかなか面白いものがあった。

◆**「みゃー先生は、プロの教師です!!!」**

一応、そうではあるのだが……私はこの子に何をしたのだろう。しかもまだ顔と名前が一致していない子からである。

◆**「絵のモチーフは、『シマエナガ』という鳥にしました。可愛いので、ぜひ調べてみてください!」**

私が調べるんかい!笑

子供からかけられる声には、不思議な力がある。時に傷ついたりイラッとさせられたりするし、言葉足らずで言いたいことが全然伝わらないこともあるが、いつも根っこに優しいものがあって、パワーをもらえるのだ。

研究授業前のやりとり
あーー 緊張するー
給食 のど通ら ーーん
みんな、緊張しすぎて 先生は、
ずっと 笑顔のまま かもしれない
困ったときのクセ
・・・
いいと思うよ、先生いつも笑顔だし
先生にこにこ楽しそうに 授業するからさあ、
私もなんか楽しい なーって思うん だよねぇ
・・・がんばろう。
作文のお題(10分作文)
3年1組の よいところ
はい、どーん!
読むのが楽しみ〜
結構手のかかるクラスの場合
外遊びよくする
元気
元気なところ
ほほう
元気!
みんな元気
あいさつ
こんな意見が結構多い。
おっ?
文量はめちゃ少ない
三年一組は元気。あと、三年一組で食べる給食はおいしい。
子供の表現力ってすてき。
給食か〜 そうか〜

甘えん坊製造機な先生あるある

学習規律をどこまで厳しくするかは自分の永遠の課題だと思っているのだが、ビシバシ型でない女性教員は時に「甘えん坊製造機」となってしまうことがある。甘えん坊をたくさん出現させてしまった年もあり、反省。

そういう状態、分かる分かる分かる！という方には共感していただけそうなあるあるを描いてみた。分かる〜！という方がいたら、それはきっと同志。

教室にて、授業中——
あっれー？ワークシート…
職員室に忘れたかも…？

「音読……やってた？」
「うん！！！」
（絶対やってない）

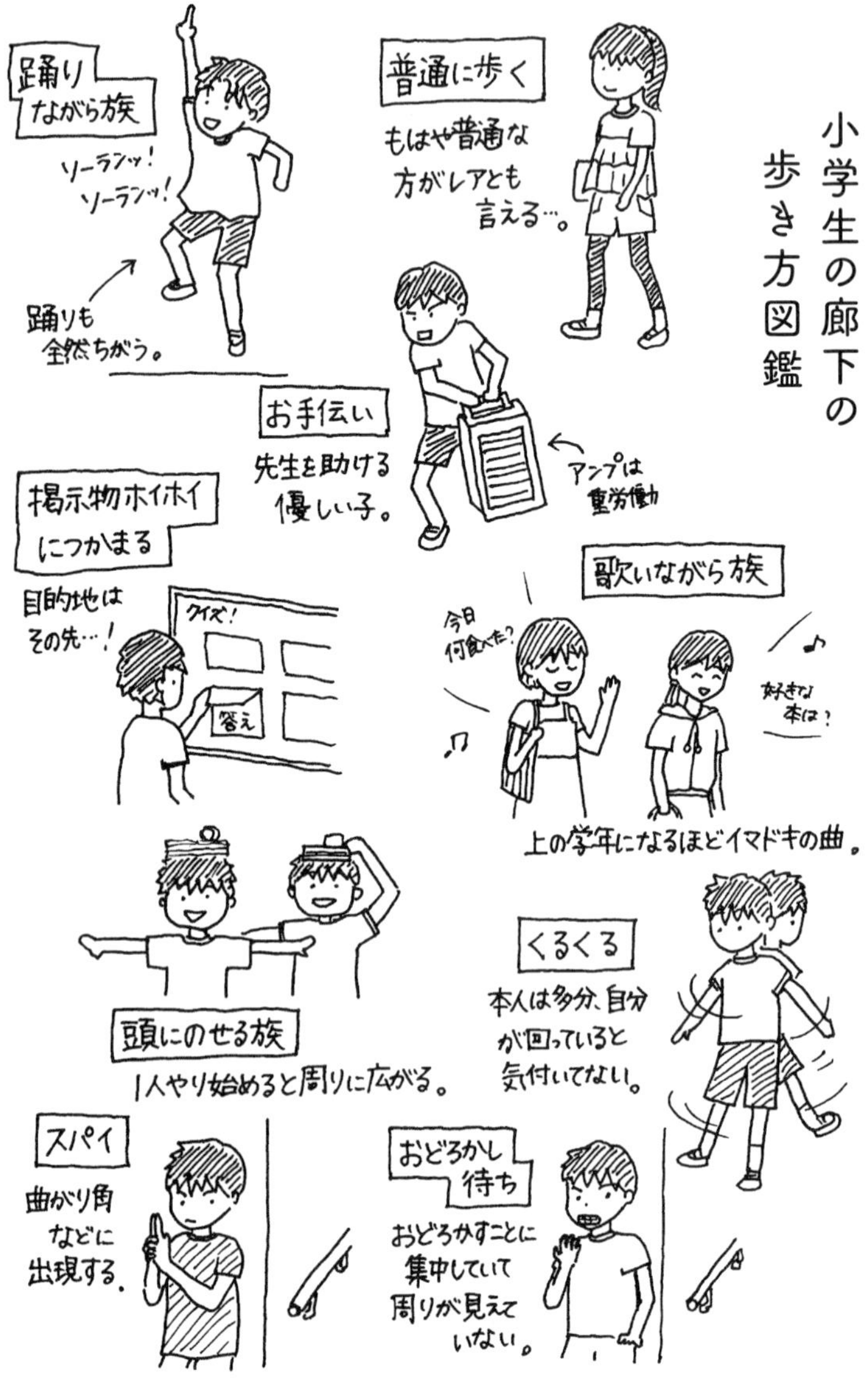

小学生の廊下の歩き方図鑑
普通に歩く
もはや普通な方がレアとも言える…。
踊りながら族
ソーランッ！ソーランッ！
踊りも全然ちがう。
お手伝い
先生を助ける優しい子。
アンプは重労働
掲示物ホイホイにつかまる
目的地はその先…！
クイズ！
答え
歌いながら族
今日何食べた？
好きな本は？
上の学年になるほどイマドキの曲。
頭にのせる族
1人やり始めると周りに広がる。
くるくる
本人は多分、自分が回っていると気付いてない。
スパイ
曲がり角などに出現する。
おどろかし待ち
おどろかすことに集中していて周りが見えていない。

二宮金次郎
何の本だい？
ゾロリかい？
オンライン
実はさりげなくろう下中央のラインから落ちないようにしている人。
多分レアな虫つかまえた子
バッタくらいならまだ許そうか…。
体操着袋リフティング
体育の前後や金曜の帰りに出現する。
瞬足
注意しようとすると、もうはるか遠くに…。
ガッシャーン
だいたい周りの子が助けてくれる。
謎の水滴
犯人はこの先にいるはずだ！
探検ボードでキョロキョロ
学校探検か、防火設備のチェックか…？
謎の土や砂
犯人はこの先にいるはずだ！
無意味スライディング
けがとけんかしか生みださないタイプ。

3 学級経営あれこれ

朝の連続小説　～つまりは本の読み聞かせ～

小さい頃から、読書が嫌いな子供だった。どのくらい嫌いだったかといえば、夏休みの読書感想文のために本を読むのが嫌で、『十五少年漂流記』の後書きだけ読んで感想文を書いて出したくらいである。ちなみにその読書感想文はなぜか代表に選ばれ、出品のために書き直しをする羽目になった。無欲の勝利である。……勝利じゃないな。

読むといえばマンガ。マンガになっていれば歴史や伝記も読めたし、ドラえもんなどの学習マンガも好きだった。つまり、文字だけのものを読むのが苦手だったのだろう。

そんな私も成長し、読書量の少ないまま大人になった。成長すると今まで苦手だった食材が美味しく感じられるようになることがあるように、読書についても食わず嫌いなところがあったかもしれない。読書好きな友達が紹介してくれる本はどれも面白いと思ったし、どハマりするものがあれば夜中の2時や3時まで気になって読み続けてしまうことも。宮部みゆきさんとか、特に。

本の素晴らしさは多くの人が語る通り。ああ！昔に戻って小学生の私に読書の楽しさを教えてあげたい。でも、タイミングやおすすめする本によっても刺さり度が違うんだろうな……。けれども私は教師！タイムスリップはできないけれど、今の小学生に読書の良さを伝えることはきっとできる！

ということで、これまた仮説実験授業のサークルで教わった「朝の連続小説」をやってみることにした。「連続テレビ小説」のように、毎日ちょっとずつ読み聞かせをしていく取り組みである。朝の時間に余裕があればそこで読むもよし。私はその頃、国語の授業にかなり苦戦していて、単元学習を進めるってなんか難しい……楽しくできない……と困っていたため、国語の授業の最初に取り入れることに。

連続小説（5分）→漢字学習（10分）→単元学習（30分）

みたいな流れにした。まあ、結局後半の時間が短くなっちゃうんだけど！

以下、オススメの本たちを紹介しておく。

「ねこのピート　はじめての学校」

これは1年生担任になったら、絶対1週目に読む！書画カメラ等で絵を拡大しつつ、出版社さんの公式サイトに上がっている朗読を流すのがよい。なぜかというと……曲が付いているから！めちゃ簡単なフレーズの繰り返しなので、途中から子供たちが歌い始める。そして終わると「もう一回！！！」と言われる。

その後の学校生活にも応用可能だ。

運動会～かなり最高♪　お掃除～かなり最高♪　地獄のシャワ～かなり最高♪

何より素晴らしいなと思うのは、このシリーズ、物語の最後にちょっとした教訓というかメッセージみたいなものが入っていること。この本の場合は「新しいものに出会うって、とっても素敵なこと」とあった。いやー、この本が素敵だわ！

「不思議駄菓子屋　銭天堂」

最近ではアニメ化されるわ西武園ゆうえんちのアトラクションになるわで、「紅子さん出世したねえ。」と思ってしまう、読み聞かせで以前から知っていた勢の私。有名になってしまった分、最近は題名を読んだだけで「あ、これ知ってる！いい話だよ。」などとフライングする子もいる。

これは1話5分は無理なので、5分タイマーをかけ、鳴ったらその先のキリのいいところまで読むというスタイル。1つの話を2つに分けて、前後半という感じでいける。

「窓際のトットちゃん」

これも全学年いけると思う。強いていえば中学年以上だろうか。個人で文庫本を手にとって広げただけだと、小さな文字がビッシリで「おぇ〜」となる子もいるはずなのだが、読み聞かせにすると内容が面白いのでみんな引き込まれる。トモエ学園みたいな学校いいなあと思う子がいっぱいいた。昔ながらの表現や物の名前が出てくるので、都度解説をはさみながら。戦争の話とかもね。これも1回で1章読むのだが、長い章は「今日は長いから5分ぶんね。」と言って、タイマーをかけて読む。

「なんでもただ会社」

これは1年生以外で初めて読み聞かせをするときに必ず採用する1冊！連続小説初心者にもオススメ。

なぜかというと……全部で7章くらいに分かれているのだが、どの章も5分程度で読めるし、「この後どうなるの？」みたいなところで終わるので、1章ずつ読んで「この続きは……また明日！」と言うと「えー！いいところなのに！！！」と言われる……はず。連続小説形式のお手本とも言える本なのだ。

オチがあるのだが、さすがに対象年齢が中学年の話なので、高学年だと「え、そんなあっさりなオチかい！」みたいな反応をする子もいる。君らだって結末めちゃくちゃ気になってたくせに〜！

「青空晴之助」

これは高学年じゃないと難しいか。昔ながらの言い回しが入ってくる上に、ダジャレ的要素も出てくるので、聞きながらすぐ理解するには中学年だと厳しそう。全5巻で、1巻ごとに完結する部分と、5巻全部を通して謎が深まったり明らかになったりする部分がある。5巻まで伏線覚えているのはちょっと大変かも……。

以上5冊、毎日ちょっとずつだったらやりやすいし、結構子供たちが覚えてくれているので、オススメ。

勝った負けたでけんかが起きるとき

春の運動会シーズン。コロナ禍での運動会は、「学年ごとに実施」「当日は児童の観覧なし」「応援団なし」「団体種目なし」などなど、各学校が工夫して感染対策をしながらやっていた。もう毎年こんな感じでいいよね、という意見が多いように思う。

そんな流れもあって、用具・得点・決勝・審判などの係もなく、係児童への指導もなく、この辺りもこのままでよい気がしている。逆に係なしでの運営だと自分の担任学年のことは様々な係の範囲まで考えないといけなくて、あれ？このとき自分が分身していないと無理じゃない？みたいなことも直前に発覚したりする。

決勝も得点もいないので、短距離走も順位をつけない。ということは、若干のフライングで揉めることもない。何となく自分は2位でゴールしたぜ！などと自分で分かっていればよいのである。

赤組白組に分かれて点数を競うって、楽しさもあるけれど勝負事に弱い子には結構辛い。以前担任した子がまさにそんな特性のある子で、全校種目の大玉送りの練習中に自分の組が負け、

「白組、全員◯ね〜〜〜！！！」

という迷言が飛び出した。全校が集まる中で、である。パワーワードすぎて、私の中でもかなり印象的な出来事になった。そんな子も、数年経って高学年になると流石にそんなことで暴れなくなったという……成長。

そんな極端な例だけでなく、低学年中学年あたりだと勝負事にはみんなこだわりが強い。ドッジボールで負けたくないからチーム決めで強そうな子のいる方に入りたいとやる前から泣いている子、おにごっこでタッチされる直前に「靴ひも結ぶからタイム」とか言う子、負けて永久に校庭の隅から戻ってこない子。勝ち負けは鬼門だ。

忍耐強く指導し続けていたのだが、昨年、ひとつの記事を読んで気付くことがあった。

フィンランドワークショップomenaさんという方が書いた、『ゲームの勝敗でかんしゃくを起こす子どもにできることは大人げない大人になること』というものだ。

一番なるほどと思ったのは、勝ったときや負けたときの**してよい態度を伝える**、というところ。勝敗について揉めたら、揉めるきっかけの言動などについて指導はするけれど、こういう態度はしてもいいいんだよというのは伝えたことがなかったと思う。

これを読んだ後の体育、プレルボールやキックベースで、早速揉めごとが起きた。終わってから黒板におもむろに「正しい勝ったとき」「正しい負けたとき」などと書き出すと、なんだなんだと注目する子供たち。勝ったとき負けたとき、して良い態度といけない態度があると話すと、いつになく真剣に話を聞いてくれた。そしてすごく納得してくれたのだ！　その後、揉めごとは起こるものの、指導の際にはこの言葉が共通認識となったのはとてもよかった。

感動的だったのは、年度最後のお楽しみ会でやんちゃボーイズたちのチームがドッジボールのルール説明をしたとき。

◆ルールを守る
◆みんなで楽しくやる
◆ぼう言は言わない
◆「正しい勝ったとき」「正しい負けたとき」

という内容を、声を揃えて読み上げたのだ。なんだか……伝わったなあというのが分かって。しかも、話をなかなか聞けぬやんちゃボーイズに。

もし、勝ち負けがらみの指導で困っている人がいたら、試しに一度やってみて欲しい。

正しい「負けたとき」
くやしい！
相手がすごかった
これはちょっと大人
次は勝つ!!!
正しい「勝ったとき」
やったあ
うれしいな
みんな、ナイス！
まちがった「負けたとき」
○○のせいで負けた！
あの時、ルールいはんがあった！
まちがった「勝ったとき」
そっちのチーム、弱っ!!
ガーン

教室内のちょっとした工夫

整理整頓の苦手な私。教員時代は、子供からもらう「先生の通知表」も、ことごとく整理整頓に△がつけられていた。整理整頓マインドを獲得するのはなかなか難しいが、さすがに8年も教員をやっていると、教室環境でこんなことをするとよい……というちょっとした技は身についてくる。

①子供の机の印をつける位置

印なしという教室ももちろんあるけれど、私はあり派だった。なんで子供たちってあんなにどんどん前に出てくるんだろう。やる気満々だ

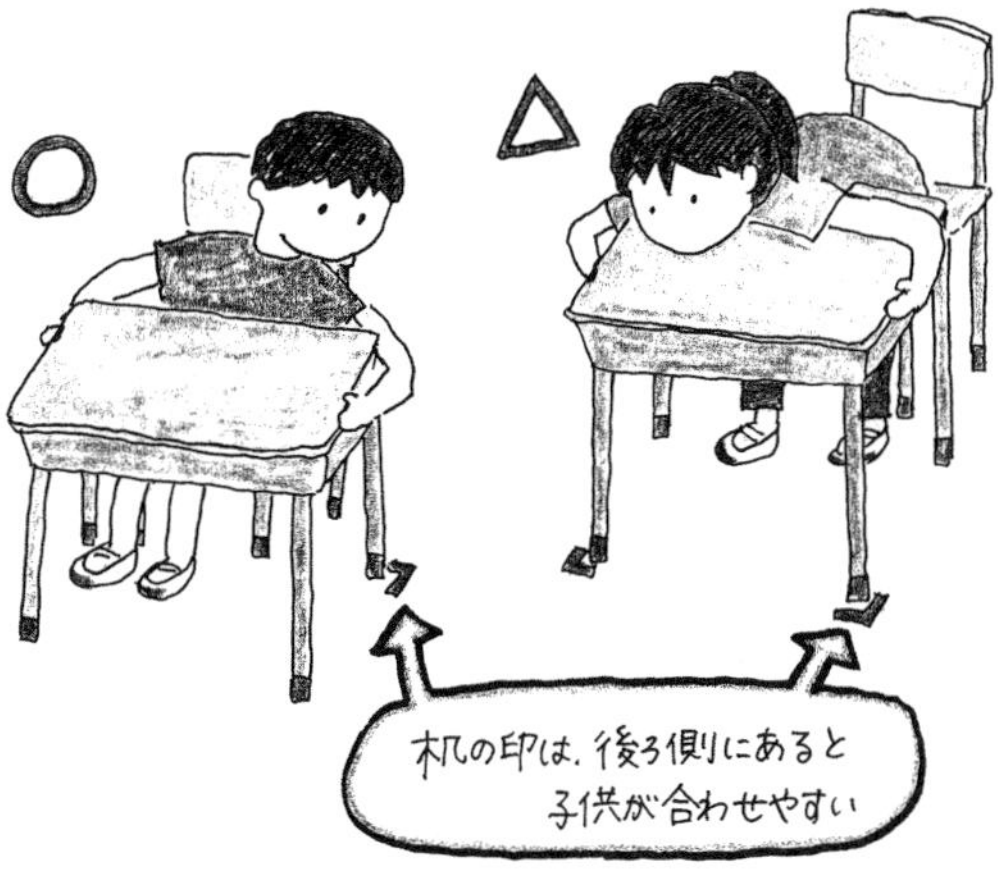
机の印は、後ろ側にあると
子供が合わせやすい

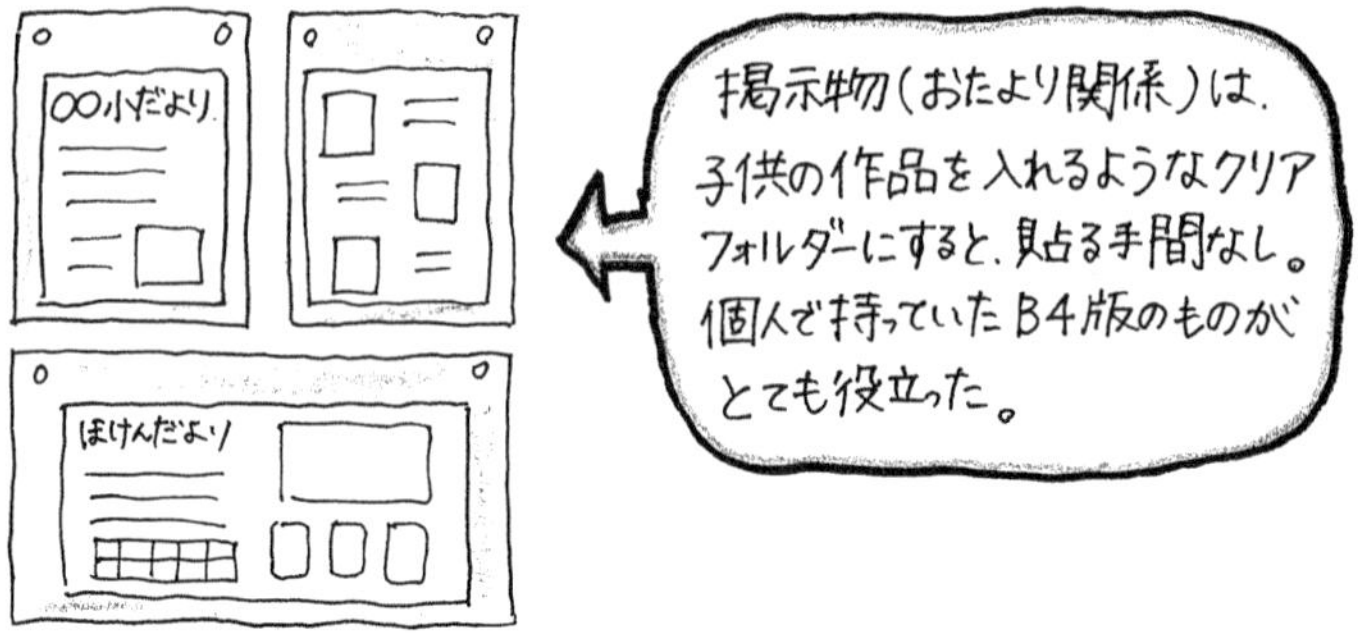
○○小だより
ほけんだより
掲示物(おたより関係)は、子供の作品を入れるようなクリアフォルダーにすると、貼る手間なし。個人で持っていたB4版のものがとても役立った。

からか？笑

つける時に、子供たちから見て手前側にすると、合わせる時に前のめりにならなくて済むのでおすすめ。

②おたより掲示クリアフォルダ

どのおたよりを掲示するかは、学校によってきっと指定もあるだろう。（絶対教室に貼っても見ないよなあなんてものもあるけれど……）掲示の題名を付けるのも面倒だし貼るのも面倒ということで、私が愛用していたのはクリアフォルダ。これなら新しいものはスポッと差し込むのみ！　子供に頼むこともできる。

A4サイズは子供のものを頼んだときに教師用見本で一緒に届くのでそれを活用。便利だったのは個人的に持っていたB4も入れられるタイプ。手紙のサイズはA版で統一したほうがよいと思うが、学習用具はまだまだ

B版が多いので、このクリアフォルダがあるとノート見開き掲示とかもできるという。ナイス。

③掃除用具の色分け

みんなで使うものやロッカーを共有して使うものはできるだけしまい方を明確にする。仕組みができてしまえば、あまり余計なことを言わなくても片付けられるし、ぐちゃぐちゃにされて怒ることもなくなる。というか、できているときに褒められる！そうするとさらにちゃんとやる！

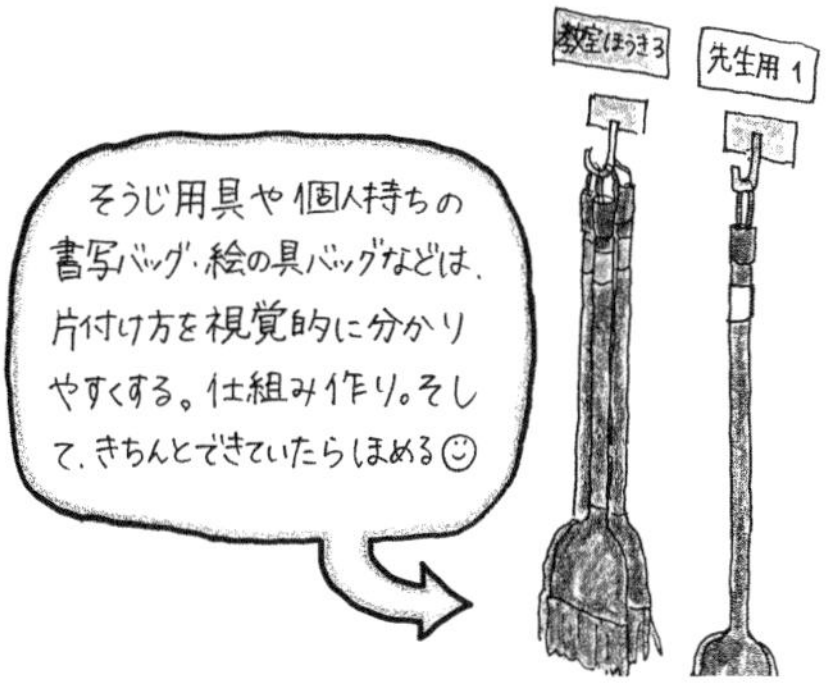
そうじ用具や個人持ちの書写バッグ・絵の具バッグなどは、片付け方を視覚的に分かりやすくする。仕組み作り。そして、きちんとできていたらほめる☺
教室ほうき3
先生用 1

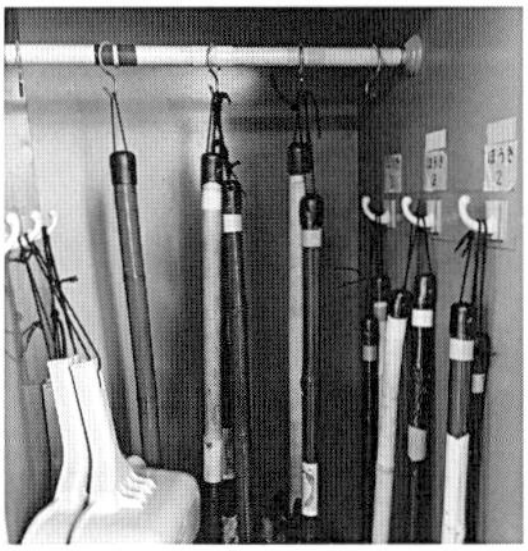

「めんどっ」とか言う子にどう対応するかの一案

授業中、次の課題について説明すると、「めんどっ」「えー」などと言う子がいる。私としては見逃せない発言である。

普段からの学級経営にもよると思うし、その子の事情もきっとあるのでもちろん対応に正解などない。でも、授業や課題についてあれやこれやと準備してきた教師にとっては……とーってもイラッとさせられる一言！！！

そんな時どうするかについて、様々な先輩が話してくれたことをまとめてみた。

・みんなで飲む熱々の紅茶に氷を入れない
・私はそれを言われたら嫌だとアイメッセージで伝える
・みんなの気持ちを下げる発言をしたら、責任もって上げさせる

などなど。

一人じゃなくてみんなで学んでるんだから、ルールは守らないとね！

課題を提示すると
えー
やだ
めんどっ
とか言う子がいる。
非常にイラッとさせられる。
ある先生が言っていた。
「授業とは、熱々の紅茶をみんなで飲むようなもの。」
課題を提示したときは、あっつあつ!!
わあ
楽しそう!!
時間が経てば少しずつは冷めてしまう。
あら…
これちょっと難しいかも…
うまくいかないっ
それでも、助け合ったり考えたりして
再加熱!
みんなで熱々を飲むのだ!
どうやったの?
できた!
すごい!
決してそこに、氷を入れてはいけない。
めんどい
やだ
まずい……
そんな話をしておくと誰かが
そんな氷入れるようなこと言うなよ〜
とか言ってくれる。
時にはアイメッセージで
そんなこと言われたら先生は悲しいな
と、伝えてみる。
ちなみに他の厳しい先生で
みんなのやる気失わせること言った人、やる気になること言って!!!
責任とらせるパターンもある。

褒めるってな、200種類あんねん

校内研修が好きだ。特に、伝達研修やアレルギー研修などの内容が決められたものではなく、先生たちオリジナルの研修。研修の持ち方は学校によって様々だと思うが、初任校では夏休みの終盤に1日がかりで、2校目では平日の夕方に行っていた。ベテランの先生から全員に、または若手に、という形で研修があった。内容も様々で、「特別支援教育について」「誰でもとび箱が跳べるようになる指導」「書写の指導法」「保護者対応について」「外国語活動について」「玉3つでお手玉ができるようになる方法」などなど、多岐にわたる。

ある年、U先生という方が「学級経営について」という題名で研修をしてくださり、褒めることについての話があった。U先生は褒めることの積み重ねで学級経営をされているとのこと。そう、褒めるって大事。「褒める」はいくつかの種類に分けられるそうで、①成果承認（成果を褒める）、②成長承認（努力を褒める）、③存在承認（存在を認める）の3つだと話されていた。

研修当時、私は学級経営に悩んでいて、次々にお試し行動をくり返す一部の子供たちに疲れていた。できれば褒めて関わりたいと思いつつ、褒めるようなことが全く見当たらないんだよ……！と思っていたのだが、この褒める種類の3つ目、「存在承認：存在を認める」にびっくり。これだったらできるかもしれない……と思い、実行してみた。

やってみたのは、登校したときに、今日も学校に来てくれて嬉しいという気持ちを込めて「おはよう」と言うこと。この気持ちを込めるだけで、おはようの言い方も変わってくる気がする。そこに、昔勤めていたブライダル会社で培った「プラスアルファのお声がけ」をできるだけ添える。「いらっしゃいませ、おめでとうございます」のように、シンプルなものでいいから何か足す手法である。

「おはよう。今日はいつもより早いね。」

「おはよう。何だかあったかそうな上着着てるね〜。」

「おはよう。昨日の雷凄かったね。」

こんな感じ。まあ結局、それをやっても朝の会くらいには叱らなければいけない事態になるのだが、この意識のおかげでスタートは褒める（褒めているのか？）ことから始められるようになった。

どちらかと言えば自分は子供を褒めることが多いと思っているが、それは褒めようと思っているわけではなく、素直にすごいなと思うからである。この目線があることはとてもよいことだと思う。これまでは意識的に言っていたわけではないので、自分が褒められて嬉しかったことを参考に、よい褒め方について考えてみよう。

①自分が頑張っていたことを褒められる

やっぱりこれをしてもらえたら嬉しい。これは、自分が緊張して臨んだ教職員向けの説明の後に、ある先生に「分かりやすかったです。」と言ってもらえたときに実感したこと。これを子供に向けてするためには、その子が何を頑張っているかを知る必要がある。よく見て、タイミングよく話すことが大事。

②パーソナリティを褒められる

私のｎｏｔｅを読んでくださった先生方が、「みゃー先生の記事は、他の人と同じことを経験しても、独自の切り口で考えているところがいい。」「みゃー先生の文章や感じ方に魅力を感じる。」と言ってくださった。う、嬉しくて、ジャンプしちゃいそう……！また、音楽講師のＮ先生は、退職することを伝えたとき、「私ね、あなたの感性が好きなの。」と言ってくださった。どこでそう思っていただけたのか分からなかったが、う、嬉しくて、ワープしちゃいそう……！

つまり……能力以上に、努力やパーソナリティ（性格や考え方）について褒められるのは、すごく嬉しいし印象にも残るし、自己肯定感を高める効果があるのだと思う。子供への褒め方に活用するならば……「満点もすごいけれど、〇〇さんが、毎日こつこつ努力を積み重ねられるところが素敵だよね。」「友達にあの声かけができる、あなたの考え方が素晴らしいと思うよ。」こういう感じだろうか？

褒める方法って、いろいろあんねん！

QUIET PLEASE

ある年、初の中学年担任に初の異動が相まって、新たな学校生活は戸惑うことばかりだった。

新年度の始業式、体育館に2～6年生が集まった。1年生はこの後入学式である。異動の発表、着任した先生の挨拶や校長先生のお話、そしてみんな注目の担任発表がある。その中でも、担任することになった3年生は目立ってうるさかった。まあ、ついさっき初めてのクラス替えの発表があったばかりだ。浮き足立っているのだろう。

こ、こんなみんなが集まる場所で静かにできないのはまずい！今日が出会いの日だけれど、これはよくないということは伝えなければ！と思った私。始業式後、各学級に分かれて配布物を渡し、明日からよろしくねと一言伝えて解散……という流れだったので、配布物を渡してから短く話をした。

みんな、これからよろしくね！でも、残念だったことがひとつあります。今日の始業式のみんなの態度……あれは×です！まずはお話をしっかり聞けるように頑張りましょう。

と言ったのだが、なんと一部の女子を除いてその話すら全然聞いていなかった！これは大変だ……という幕開けであった。

通常の学校生活が始まってもそんなにすぐに落ち着くことはなく、「静かになるまで待つ戦法」「しっかり聞いている子を褒める戦法」「何をする時間か、どうすべきか問いかける戦法」「短くビシッと叱る戦法」など、様々な方法を試してみた。成功することもあれば失敗に終わることもあった。

そんな中で迎えた春の運動会。

表現運動はみんなとっても意欲的に練習に取り組み、揃っているというよりはそれぞれが生き生きと踊っているという感じで、素敵だなと思えた。問題は……見ている間の態度である。コロナ禍を迎える前の、通常通りの運動会。私も得点係になっていて、いつも子供たちの側にいられるわけではない。飽きてきてしまっても騒がず他学年の演技を見てほしい……。

そして一番の心配は、短距離走の召集だ。前の学年が演技を始める前に入場門に走順で並び、演技中は静かに見るなんてことがこの子たちにできるだろうか……。

当日のイメトレをした。保護者もいる中、大声で指示を出したり注意したりしたくないな……。

何かいいアイデアは……何か……！

そんなとき、ゴルフ中継でよく見る、アレを思い出したのだ。これだ！ということで、印刷室にあった裁断した残りの画用紙を利用して、**「折り畳みおしずかに」**を作成。

これが……非常によかった。結果的に、入場門で大声を出す必要は全くなかった。走順に整列させ、座らせてガヤガヤしているところでおもむろに「折り畳みおしずかに」を出した。何人かがすぐ気付く。そして周りの子に声をかける。

こちらから「おしずかに」を出しているんだけれど、見つけて子供たちが声を掛け合って……。こちらは声に出してはいないので、言われなくても自分たちで静かにできた、ということになる。そこについて褒めることもできる。ということで、味をしめてその後お出かけなどの時にも「折り畳みおしずかに」は活用されたのであった。

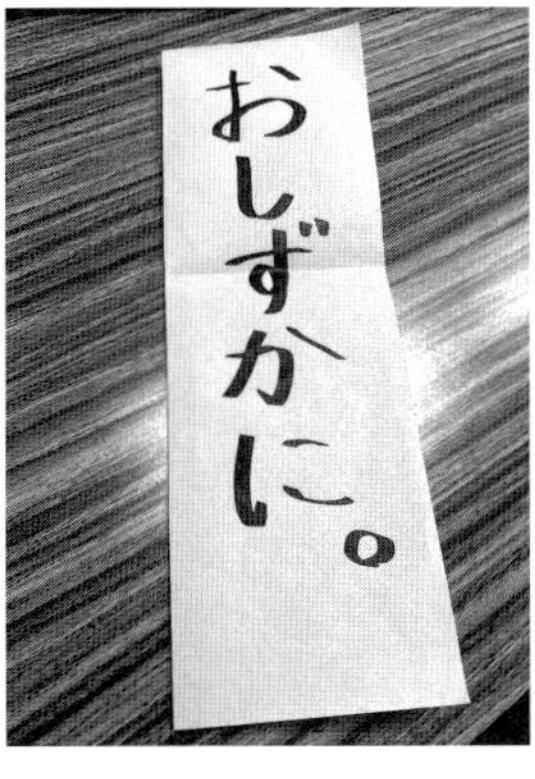

学級が荒れたとき、どうしたらいいか正直分からない

以前の記事で、うまくいったことだけでなくうまくいかなかったことについても触れたいと書いたのだが、なかなか書き進められない。書き進まないのはマイナス方面の思い出であることと、自分の中でうまく整理ができていないことが影響していると思う。それでもとりあえず書こうと思えたのは、ＳＮＳなどを通して、今まさに学級経営に悩んでいる人や子供との関係のことで心を痛めている人がいるということを知ったからである。自分の経験を話すことは、何かしらの役に立つのではないだろうか。

今回は唸りながらだが、自分の学級経営がうまくいかなかったときのことと、その時に試してみたことについて書いてみた。

長いけれど！それも苦悩の表れだと思って！ぜひお読みいただきたい。

もともと落ち着きのないクラスだったが
GWが明けた頃、状況は悪化していた。
うちのクラスの列
指示が
では、次は…
通らないーー
永遠に朝の支度をしない子がいたり、
まだランドセル片付けてないの!?
私の机や棚が漁られたり
机にスタンプ押されてる!
帰った後の教室がごみだらけだったり。
一番こたえるのは
チクリ
話を聞いてもらえないこと。
一生懸命、授業を考えても
おーい
聞いてくれないことには、
どうしようもない。
お試し期間は終わったのだ。
これやったら
おこられるかな?
「話を聞かなくても大丈夫!」
大丈夫そうだー
と思われると大変である。
他の子の不満もたまる。
ちゃんとやってるのに…
うるさいなー
先生、ちゃんと注意してほしい…

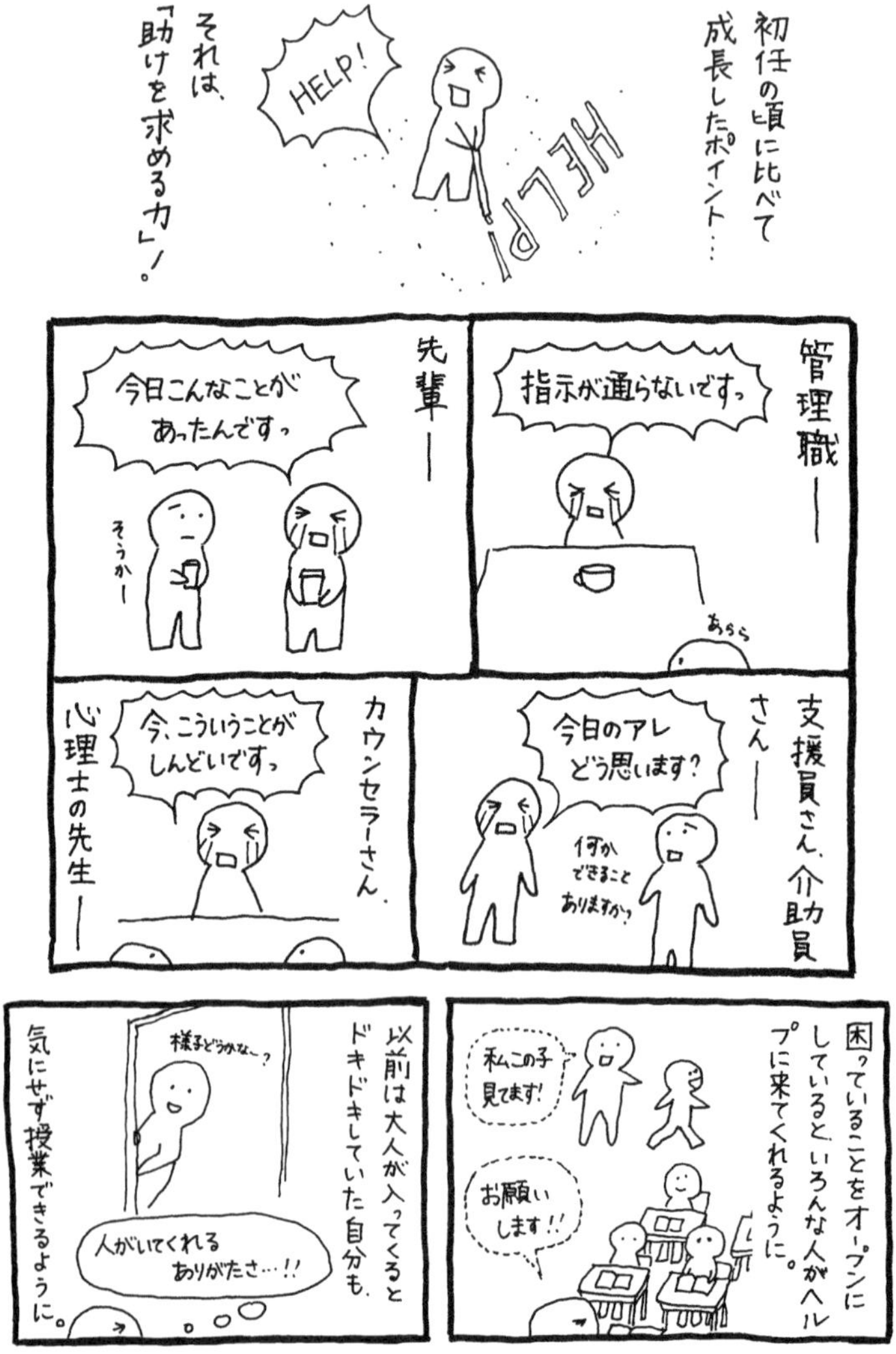
初任の頃に比べて
成長したポイント…
HELP!
HELP!
それは、
「助けを求める力」!
管理職――
指示が通らないです。
あらら
先輩――
今日こんなことがあったんです。
そうかー
支援員さん、介助員さん――
今日のアレどう思います?
何かできることありますか?
カウンセラーさん、心理士の先生――
今、こういうことがしんどいです。
困っていることをオープンにしていると、いろんな人がヘルプに来てくれるように。
私この子見てます!
お願いします!!
以前は大人が入ってくるとドキドキしていた自分も、
様子どうかなー?
人がいてくれるありがたさ…!!
気にせず授業できるように。

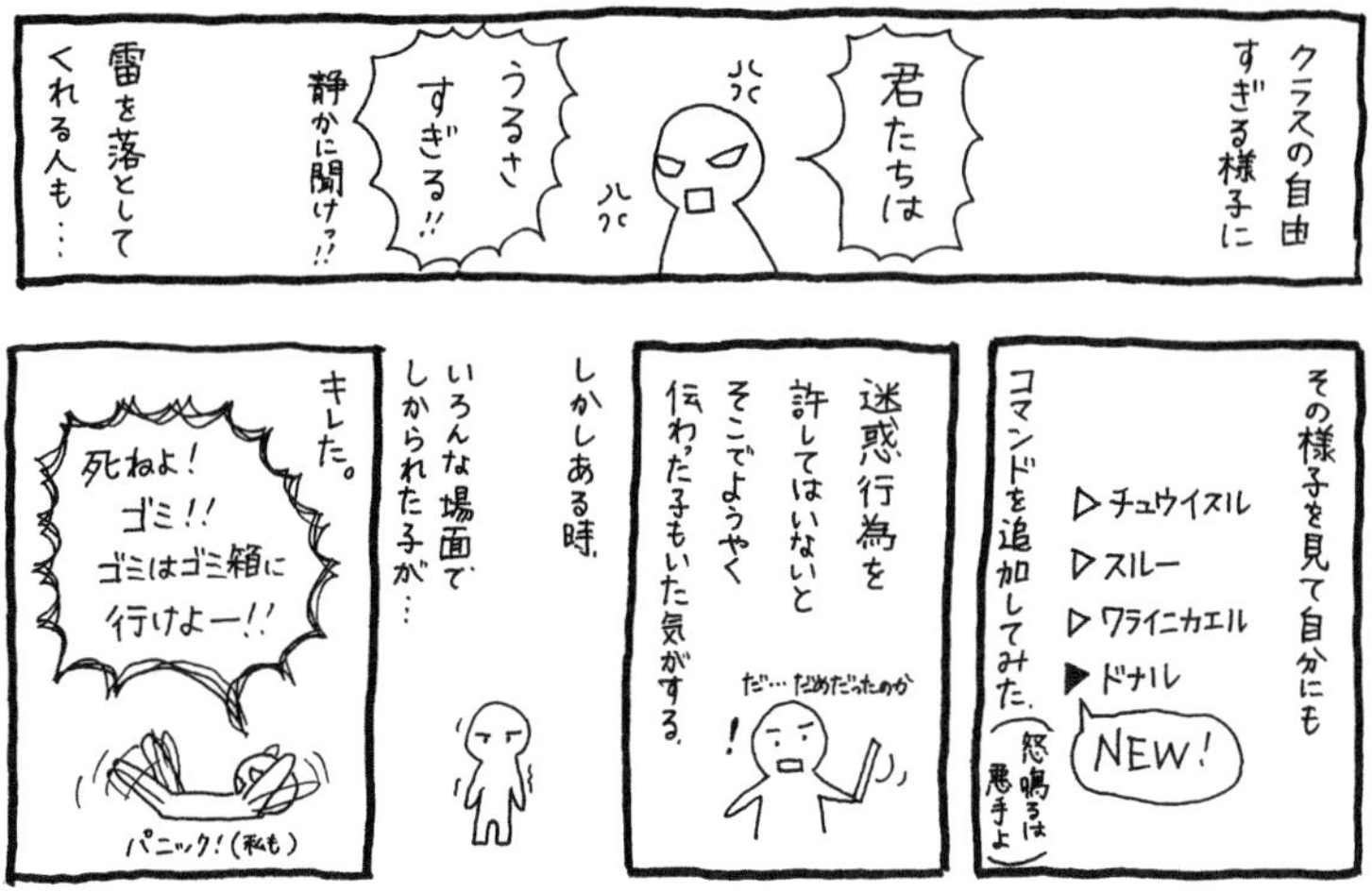

結局、このときのクラスは2学期終盤から3学期にかけて少しずつ変化を遂げ、自分の中でも思い入れの強い素敵なクラスだったと今は思える。もともと、一人一人がとても優しい子たちなのだ。

何がよくなくて何がよかったのか、今でも分からない。でも、何年も教員をやっていた方なら、大変だった時期の一つや二つ必ずあるだろう。「こんなことがあった人もいるんだな」くらいの目線で読んでいただければ幸いである。

試行錯誤の中、自分がやってみたこと4つを次ページに残しておく。

①1人で抱えこまない
先に描いたように、私は"困ったー！"を周りに伝えるようにしていたので
どうしましょうーー！
ん？
どうした？
1人で落ち込むということがなかった。GOOD！
同僚はもちろん、教育学部の同期、子育て中の友達の意見も聞いた。
しんどいー
あー
親としてはさー
（もちろん守秘義務を守って）
②特効薬はない！と腹をくくる
一度学級経営がかたむくと、特効薬はないので…小さなことで一喜一憂しなくてよし。

今日なんかいい感じー！

まあこれはよいとして…

もう終わりだ…

こんなことしてると疲れちゃうから！

すぐに効かないけれど…伝え続ける。

今やるべきこと、何？

え…？べんきょ？

他の子の勉強をじゃましてるよ！それはダメ！

自分の判断基準は…「真面目な子たちが損をしないようにする。」
③環境を整える
子供たちが嵐のように去った後（下校後）、教室はぐちゃぐちゃだった。とりあえずそうじ！

何本鉛筆落ちとんねん！

私の机や棚を触る子がいたので、最低限のもの以外を別の教室に避難。引き出しはまるごと取りはずして本棚の上にかくした！（子供が気付いておどろいていた。）

ないから。

みかん
よし！
④余計な感情を入れない
一喜一憂しない、にも似ているが、うまくいかないと、余計なことを考えがち。

担任が、私じゃなくて○○先生だったら…こんなことにはならないだろうな…

いらん！！人柄も成長段階も全部ちがうから、比べられないよ！！

子供に反発された日も…事実は反省するけど変に落ち込まない。

全員に好かれる必要なし、だって…

あの、カレーだってきらいな人いるし

けんかの解決方法を教えるよ！

どの学年を担任しても違う種類の大変さがあると思うが、私が低学年を担任したときの悩みの種のひとつに「けんかの仲裁」があった。

まだ生まれて7年かそこらの子供たちである。自分の思うような方向にいかなくて癇癪を起こしたり、負けたくなくてズルをしたり、正しいことだけれどあまりに強く言ってしまったり……そんなこと日常茶飯事である。でも、担任としてけんかの仲裁に入るとなるとなかなか厄介なのだ。

中休みが終わってさあ授業だ！というところで「先生〜！○○さんが××さんのことぶった！」のような報告があったり。爆音で泣き続ける子がいたり。事情を聞こうとするも、何を言いたいのか全く要領を得ない感じだったり。かなりこじれて解決まで相当時間がかかったのに、30秒後には親友かのように楽しそうに遊んでいたり。（または、

30秒後にまた同じようなけんかになっていたり。）

それが、1日に何度も起きるのだ。

全てに対応していると何も進まない……！と思い、知り合いに教えてもらった指導をしてみた。


【けんかのかいけつほうほう】

けんかになりそうになったらやってみよう。
◇「いやです、やめてください。」→いやだとつたえる
◇「どうしてそんなことをするんですか。」→りゆうをきく
◇「あやまってほしいです。」→あやまってもらう
◆じぶんにわるかったところがあったら、1びょうでもはやくあやまる。

毎日、先生のところにはたくさんの「先生〜！○○さんが〜！」と、けんかの話が来るよ。もちろん先生はみんなに仲良くしていてほしい。仲直りできるようにお話を聞く

よ。だけど、先生は授業もしなければいけないし、1人しかいない。だから、場合によってはその場で解決できないこともある。

じゃあどうしよう？

みんなにまず自分たちでけんかを解決するする方法を教えるよ！できそうだったら、嫌なことをされたときこんな風に伝えてみよう。（右のやりとりを伝える。）

この時のポイントは、①「丁寧な言葉で」だよ。いやなことをされたからって「ふざけんなよ！」とか「おい、てめえ！」みたいな言葉を使ったらどうなるかな？すぐに解決できなさそうだよね。なので、落ち着いて、大人みたいな言葉で伝えてみてね。

それから、②「理由を聞く」「謝ってもらう」だよ。もしこの言葉を伝えても、はぐらかして答えてくれなかったり、答えずに逃げたりするようなことがあったら先生に教えてね。一緒に話を聞くよ。

これを指導してから、けんかの仲裁が減った……のかどうかは分からない！（同じ時期に同じ子供たちでABテストなどができないので。）でも、何か私の方に訴えがあったときでもまずは「それ、自分であの言葉で言ってみた？」と聞くことができるし、見守っておいて自分たちで解決できたら十分な褒める要素になる。そもそもまず、「○○さんが△△してきた！」という訴えの場合、その△△がいやだということを相手に伝えていないパターンが多いように思う。そこを伝えられるって大事な力。

もう、低学年担任だったら、早めに指導して教室に掲示してあげたい！学習サポーターをする今でもそんな場面が多々あるけれど、大きめな紙に書いておいてすぐ取り出せるようにしようかな？

毎日が仲裁ばかりの先生、騙されたと思って一度試してみていただきたい。

4
こんな授業やってみた

水溶液卒業試験（6年理科）

自分の小学生時代、中学受験のための勉強のせいか、「理科と社会は暗記科目」だとずっと思っていた。でも、暗記が苦手な自分には、興味も関心もないものを覚えなければいけないということがかなりの苦痛だった。いまだに社会には苦手意識があって、実生活でも社会的なこと（税金の仕組みなどもそう）をよく理解できていない。

逆に、理科は教員になってから見え方が変わった教科のひとつだ。児童生徒目線の理科と教員目線の理科はだいぶ違うものだった。こちらが楽しさを見出さずとも、子供たちが目を輝かせるコンテンツが揃っているなんて、なんて優秀科目！

教員6年目あたりから、単元にはよるが、王道のパターンも決まってきた。だが、今回紹介したいのは、そのパターンを当てはめない形で自分の鉄板となった水溶液の単元である。授業がうまくいったなあと思ったことはほとんどないけれど、水溶液だけはこの流れがすごくいいな思う。この単元、めちゃくちゃ面白い！！！

たどりついた理科のスタイル

1. 体験する、遊ぶ（できない内容なら、思い起こす）

先生見てー！
じしゃくでイヤリング！
目玉〜♪
昨日？
三日月かな？
進んだー！
花の中はどうなってる？

発見や疑問を書かせたり、発表させたりする。
（後に一覧表にして共有したり）
まちがった意見が入っていても特に指摘しない。

2. みんなの発見や疑問をもとに、実験や観察をして学習を進めていく。

〇〇さんが〜という発見をしたけど
本当にそうなるのかみんなで確かめよう！

- 実験の目的
- 方法　条件制御の考え方
- 結果
- 考察
- まとめ

（結果・考察）これがごっちゃになる子が多いのでちゃんと伝える.

なるほど〜

ごちゃごちゃだったみんなの意見を…
わかりやすく整理していくイメージ。
自分たちでできたらすごいが…様子見つつ。

3. 単元のまとめ

発見や疑問の答えをまとめたり
ポスターとかをかかせたり
時間なければ演習問題やって理解度check

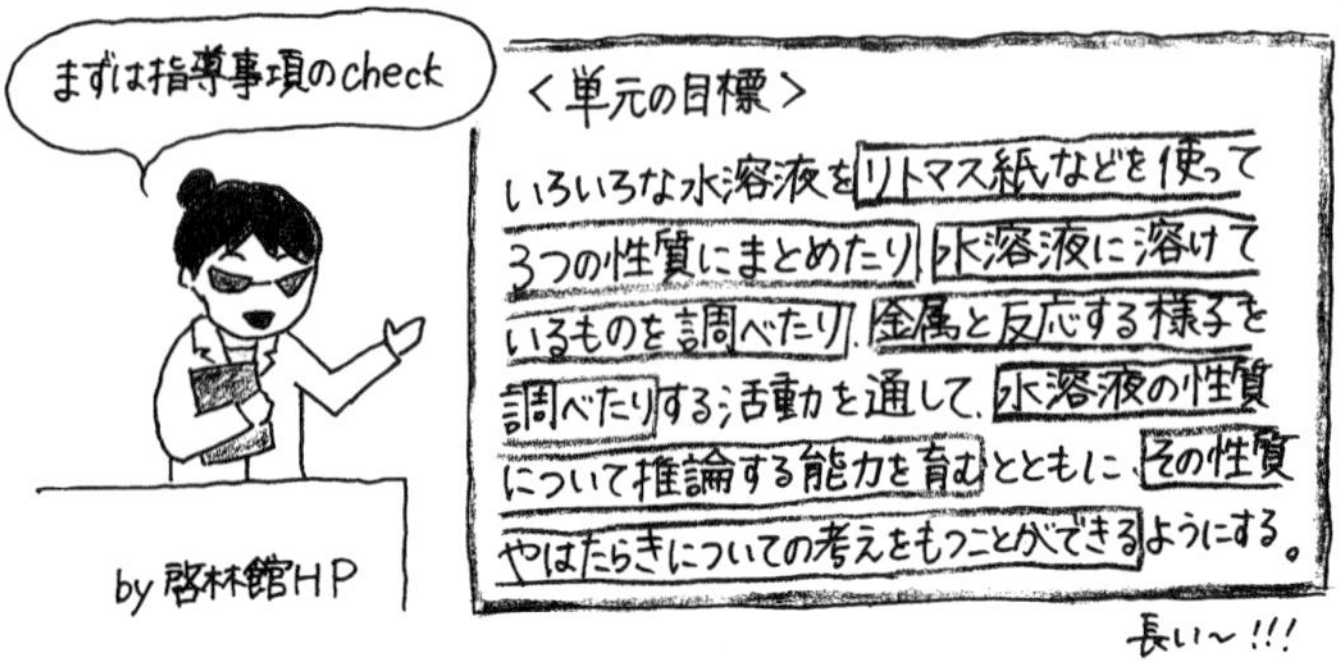
まずは指導事項のcheck
＜単元の目標＞
いろいろな水溶液をリトマス紙などを使って3つの性質にまとめたり、水溶液に溶けているものを調べたり、金属と反応する様子を調べたりする活動を通して、水溶液の性質について推論する能力を育むとともに、その性質やはたらきについての考えをもつことができるようにする。
by 啓林館HP
長い〜!!!

①導入
水溶液ってなんだっけという既習事項の確認から始まり、それぞれの水溶液をどうやったら見分けられるかのアイデア出しをし、単元のゴールである「水溶液卒業試験」を提示する。卒業試験って何？どうやるの？合格できなかったらどうなるの？などなど、みんな興味津々で質問してくるのが大変可愛い。

②インプット
卒業試験に向けて、水溶液の様々な見分け方について実験しながら教えていく。匂い・蒸発させる・リトマス紙・金属を溶かす……など。教科書通りにやってしまう。

水溶液の性質
今日から新単元よ
水溶液とは物質を水に溶かした液体。
ピ
これ全部、水溶液よ
この単元では、水溶液を見分ける様々な方法を勉強して
最終的に 水溶液卒業試験 をします。
?
ごくり
??
ちなみにみなさん、どんな方法で水溶液の見分けがつくと思う？
・見た目
・味見する
・においをかぐ
・蒸発させる
・金属をとかすか
これ出してきた子いたらきっと既習です（笑）

③卒業試験準備

いよいよ卒業試験。まずはどの順番に実験をして見分けるか、各自で考えさせる。その後、班で話し合い、実験の順序を相談して決めさせる。

④卒業試験本番

前回決めた実験の順序を確認させる。試験は班で行い、各班の答えはバラバラにして、周りを見ても答えは分からないようにする。実験道具は各班で準備と片付けを行う。全ての水溶液の

その後、ほとんど単元通りに実験を進める。
においをあおぎかいだり
見た目炭酸水はシュワシュワ?
蒸発させると?残らない?気体がとけている水溶液も!
金属をとかすか?
※「とけた液体を蒸発させて出てきたものは、元の金属か!?」は、いつもうまく単元の流れにのせられない…課題…
リトマス紙
・赤いうめぼし、すっぱい酸性
・信号青ならアルカリ性(歩かり)
ピンセットであつかう
ちなみにその間に起きること…
反応後めちゃ汚くなった試験管!
助けて理科支援員さーん
薬品管理っ!
割れる蒸発皿っ!
楽しいけど、こういうところが本当に大変、この単元…!!

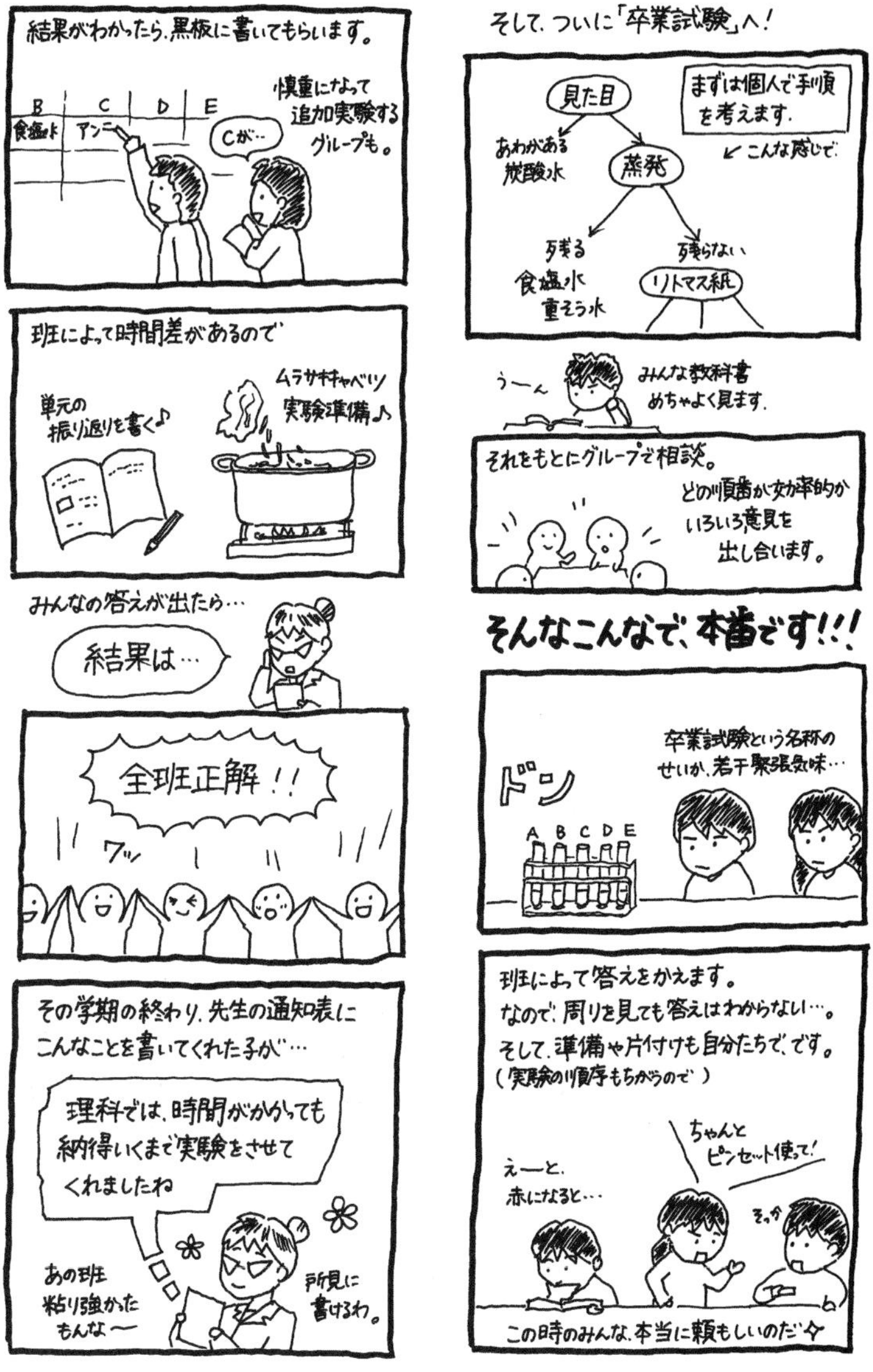

結果がわかったら、黒板に書いてもらいます。
B C D E
食塩水
Cが…
慎重になって追加実験するグループも。
班によって時間差があるので
単元の振り返りを書く♪
ムラサキキャベツ実験準備♪
みんなの答えが出たら…
結果は…
全班正解！！
ワッ
その学期の終わり、先生の通知表にこんなことを書いてくれた子が…
理科では、時間がかかっても納得いくまで実験をさせてくれましたね
あの班粘り強かったもんな〜
所見に書けるわ。
そして、ついに「卒業試験」へ！
まずは個人で手順を考えます。
こんな感じで
見た目
あわがある 炭酸水
蒸発
残る
食塩水
重そう水
残らない
リトマス紙
うーん
みんな教科書めちゃよく見ます。
それをもとにグループで相談。
どの順番が効率的かいろいろ意見を出し合います。
そんなこんなで、本番です!!!
ドン
A B C D E
卒業試験という名称のせいか、若干緊張気味…
班によって答えをかえます。
なので、周りを見ても答えはわからない…。
そして、準備や片付けも自分たちで、です。
（実験の順序もちがうので）
えーと、赤になると…
ちゃんとピンセット使って！
そっか
この時のみんな、本当に頼もしいのだ

区別がついたら、黒板に答えを書く。早く終わった班は単元の振り返りをノートに書く。最後に全体で答えの発表。時間が余ったらムラサキキャベツの実験も。

という流れである。

なんだかこの活動をすると……子供たち、考えてるな〜！と思うことが本当に多い。恐らく、「実験感」があるし、水溶液の実験ってかなり危険だから気をつけようという意識も高いし、どの順番でやるかを考える活動はちょうどいい難易度なのだろう。楽しい！

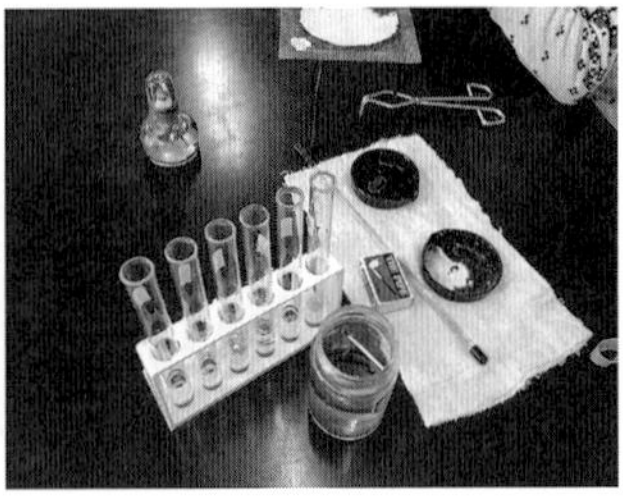

どちらがながい（1年算数）

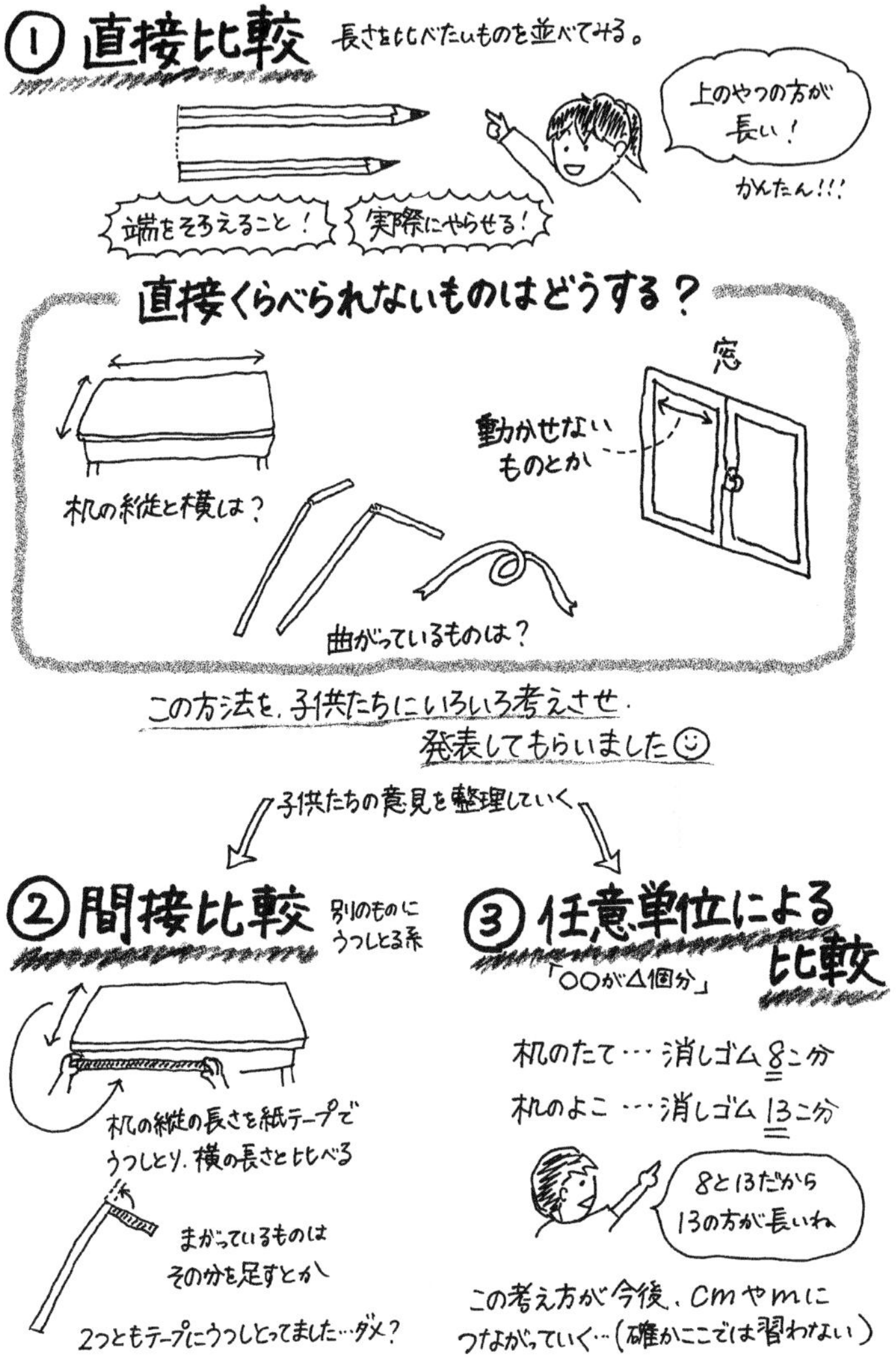

① 直接比較
長さを比べたいものを並べてみる。
上のやつの方が長い！
かんたん!!!
端をそろえること！
実際にやらせる！
直接くらべられないものはどうする？
窓
動かせないものとか
机の縦と横は？
曲がっているものは？
この方法を、子供たちにいろいろ考えさせ、発表してもらいました☺
子供たちの意見を整理していく
② 間接比較
別のものにうつしとる系
机の縦の長さを紙テープでうつしとり、横の長さと比べる
まがっているものはその分を足すとか
2つともテープにうつしとってました…ダメ？
③ 任意単位による比較
「○○が△個分」
机のたて…消しゴム8こ分
机のよこ…消しゴム13こ分
8と13だから13の方が長いね
この考え方が今後、cmやmにつながっていく…（確かここでは習わない）

「直接比較できないものはどうやって比べる？」の発表

めっちゃ
意見出た。

斬新な子がいた。

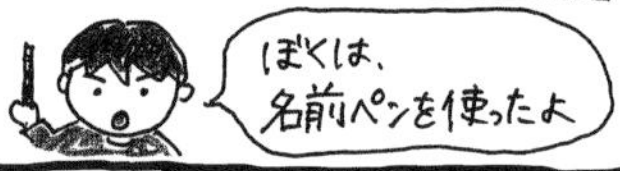

でもそれだと…「一定の速さ」にしないと成立せん…

あえて素早く
なぞってみた

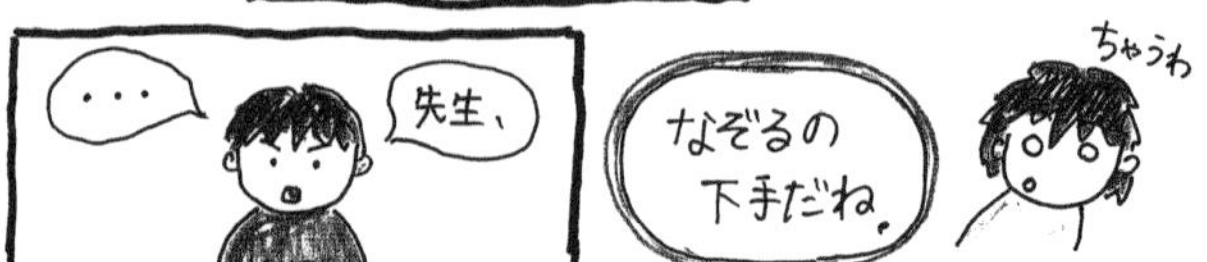

収拾つかず、焦った～！ 保護者会でこの話をしたら、みなさん爆笑で聞いてくれた。

3チームおにごっこ（全学年体育）

実は、大学では小学校体育を専攻していて、中高の保健体育の免許も持っている。専攻について第3希望まで書いて入学時に提出したところ、第3希望に書いた体育科になっていたのだ。きっと体育科の希望者が少なかったのだろう。

体育科に入って気付かされたのは、「運動ができない人の気持ち」と、「運動をするのと教えるのは全くの別物だ」ということである。

体育科には本当に運動神経の良い人たちが集まっていて、特に中高の保健体育科の人たちはたいていどの種目もできる。自分ができない側になる種目では、見られたくないなとか、やりたくないなとか、恥ずかしい悔しいという子の気持ちがよく分かった。

逆に、できる側になる種目だと、その感覚を他の人に伝えるのはとても難しい。どうしたら他の人や子供たちができるようになるのか、やる気になってくれるのか分からない。だって、自分はあまり意識せずできてしまっているから。

なので、体育科だったにも関わらず、体育の授業にはずっと難しさを感じてきた。

今回紹介したいのは、ウォーミングアップのひとつ「3チームおにごっこ」である。寒い時期に運動量を確保して体を温めたいとか、主運動に繋がる動きが含まれるとかだとなおのことよい。

〈ルール〉

◆子供たちを、赤・白・黒（帽子なし）の3チームに適当に分ける。
◆離れた場所にそれぞれの色のコーンを立てて、陣地とする。
◆赤は白を捕まえる、白は黒を捕まえる、黒は赤を捕まえる。捕まえたらその子を自分の陣地に連れていく。
◆連行している間は他の子をタッチしたりされたりできない。
◆捕まった子は連なって味方に助けを求める。味方がタッチしたら解放され、自分の陣地に一度戻って復活してまたゲームに参加する。
◆時間になったときに一番捕まえた人が多いチームの勝ち。

このおにごっこの素晴らしさは……

①運動の得意不得意がそんなに関係ない
3チームで行うので、どこかのチームの捕まった人が増えればそれを捕まえたチームの敵が増えることになり、結局は拮抗する。それに、全員がおに役でもあり逃げる役でもあるため、足の遅い子がずっとおにをやり続ける、というような状況にもならない。

②こちらの好きな設定時間にできる
全員が捕まってしまって終了！ということは滅多にないので、こちらの設定する時間で区切ることができる。万が一全員捕まってももう一度始めればいいだけである。

③体だけでなく頭も使う
このチームからは逃げないと、このチームは追いかけないと、などと、ただ単純に逃げる追いかけるだけではない考える力が必要になる。

というところではないだろうか。

やり慣れてくると、始まる前に作戦を考えるチームが出てきたり、円陣を組んで「頑張るぞ、オー！」とか言うチームが出てきたりしてとても微笑ましい。何よりみんな楽しそうなのだ。

最初はきっと混乱するので、大まかに説明、やってみて、その間教員は気になるところをどんどん声かけし（特に仲間にタッチしてもらってから復活までの動き）、終わったら質問や確認をしてルールを定着させていくとよいと思う。

暑い時期にはあまりおすすめできないが、夏は短時間で、冬は少し長めに、ぜひともやってみていただきたい。

おせちの授業（全学年学活）

12月中旬。今年のゴールが見えてきた。学級での授業も、各教科ひと段落してきた頃合いだろう。この時期、だいたいどの学年を担任していてもする「おせちの授業」がある。これは初任校で、先輩から教えてもらったものだ。

【授業の流れ】

①導入→②おせちの由来クイズと答え合わせ→③自分の好きなおせち作り

①導入

「○○○のひみつ」と板書。お正月の行事食というと、すぐおせちというワードは出てきた。おせちにはどんな料理が入っているか聞いてみる。これ、意外なものが出てきたりするのだが、とりあえず「そうなんだ」と全部書き出す。ポテトサラダとか、ハムとか、ローストビーフとか……。

②おせちの由来クイズと答え合わせ

おせち料理にはそれぞれに意味があるよ。どの料理にどんな意味があるか、考えて線で結んでみよう！　全然知らないという人も予想でいいからね！　実はダジャレみたいな理由もあったりするよ。

だいたいできたら答え合わせ。ひとつずつ意味を確認していく。パワポだったり、分かりやすいサイトだったりを用意しておくといいかもしれない。

③自分の好きなおせちを詰めよう

工作ターイム！　作業があるところがいい。切る、塗るなどの作業とも

おせちりょうりの　ひみつをしろう!!
まめ(けんこう)にくらす
お金に、こまらない
ながいきができるように
あか・しろで、おめでたい
さきが、よく見える
(大きくなったすがたが見える)
みんなが「よろこぶ」
べんきょうが、とくいになる
えび
くろまめ
れんこん
こぶまき
かまぼこ
だてまき
くり金とん

に「来年どんな自分になりたいか」を考えるきっかけになるし、オリジナルで入れる料理を工夫することもできる。ゴミが出てしまうので、やるタイミングにはご注意を。

個人的にはとても楽しい授業なので、この時期一押し……なのだが、肌感覚では、ここ数年、おせちに対する子供たちの反応が少しずつ薄まっているような気もしている。自治体や学年にもよるだろう。これも時代の流れだろうか。

めちゃくちゃ時間がかかる新出漢字指導法

小学校の国語の学習で、切っても切り離せないのが漢字。最近授業を覗いていて考えさせられることも多いし、自分自身もいろんな学習方法を試してきた。今日は新出漢字の学習方法で一番時間がかかるもの（おいおーい！）のやり方を紹介しようと思う。

★漢字の学習で大事にしていること★

①読むこと

読めない文字を書けるはずがないからである。確か学習指導要領では、新出漢字はまず読めるように、次の学年までに書けるように……という位置付けだったと思う。なのに漢字テストですぐ書かせるという……スパルタ。

②身近に感じられること

常用漢字って……常用だからねえ。どんな使い方をするか（語彙を増やす）とか、意味とか、他の漢字とのつながりとかが分かるようにしたい。

③楽しいこと

何事も、楽しくないと続かない！　①や②ができると楽しいし、学習自体もテンポ良くいきたいところ。

★日々の漢字指導を始める前に共有すること★

①型分け

漢字にはいくつかの型があって、知っている漢字の組み合わせでできていたり、一部だけ同じだったりするものもある。部首と似たようなものだが、漢字を仲間分けする視点があると、他の漢字との繋がりも見えやすいと思う。

②部品

一画一画をたて・よこ・かぎ・はらい・てん・つりばりという6つの部品に分類する。分け方には諸説あり。異論は認める。

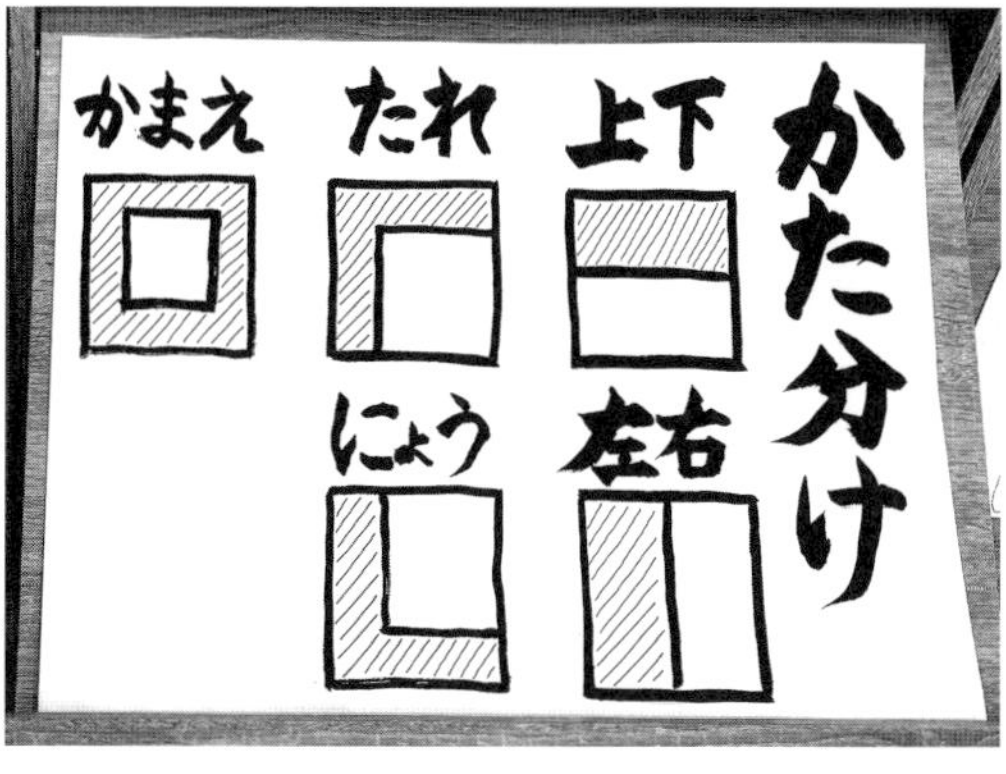

★新出漢字の指導★

新しいところに入るときには、ドリルの文ばかり20ほど並んでいるページを最初にみんなで読む。先生の後に続けて……から始めて、交互だったりペアだったり30秒で素早くだったり、いろいろ。読めなかったものには印やふりがなをつけさせるとよい。

そして、今日やる漢字に入る。

①型分け

どの型分けになりそうか聞き、文字の上に型分けを書かせる。同時に部首も確認。

②読み方、例文、熟語を全部読む　×2

音読みや訓読み、例文、熟語を教師の後に続いて読ませる。1周したらもう一度繰り返す。

③意味を確認

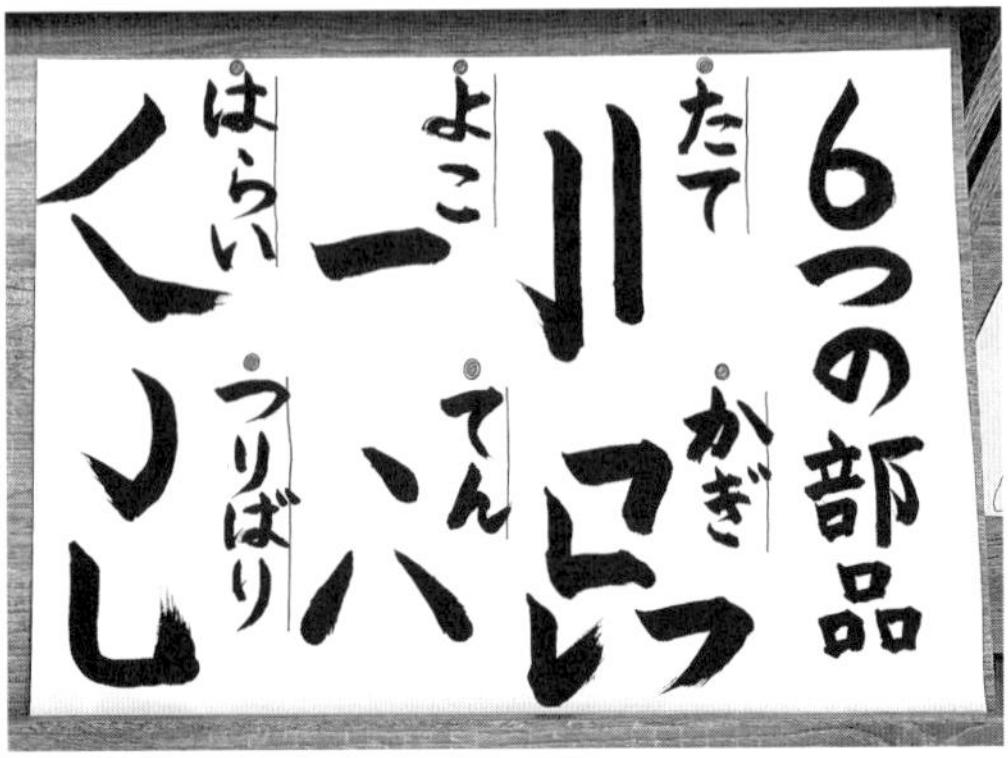

意味のところを読み上げる。難しい言葉があれば言い換えたり知っているか問いかけたりしながら。

④知っている熟語を挙げさせる

ドリルに出ている熟語以外で他に知っているものを聞く。時に全然違う漢字を使うものも出てくるので、同時に意味も確認しながら。新しい熟語は板書し、書きたい子はドリルの下の隙間に書いていいよと伝える。身近な熟語は調べておいて、子供から出てこなければ紹介する。

⑤空書き　×2

ここで部品の指導が使える。信という字であれば「はらい、たて、てん、よこ、よこ、よこ、たて、かぎ、よこ」である。これをみんなで一緒に唱えながら空書きをする。窓側の人！などと指名して言わせたりも。

⑥字を見ずに空書き

⑤と同じことを、黒板の文字を隠しながら言わせるだけである。⑤が終わった瞬間に隠して、見ないでどうぞ！と、続けざまに進めるとテンポ良くいける。

てと伝える。

⑦なぞり書き

鉛筆用意〜！という声かけですぐにスタート。できそうな人は先生と一緒に唱えみてと伝える。

はーらーい、たーて、てーん……

みんな同じタイミングでやる。フライングさせない。速すぎ遅すぎNG。空書きよりゆっくり、みんなの書くスピードを見ながら唱える。1ミリもずれないように……などと言いつつも強制はせず。終わったらすかさず2つ目。たいてい3つ目からはなぞる部分が少なくなっているので「こっからが勝負ー！」などと言っていると、そのうち子供がまねし始めて「こっからが勝負ー！」と言い出すので可愛い。

最後のひとつは自分で言いながら書いてみてと言ってやらせる。

※ドリルによって形式は異なるが、入っている要素はこんな感じ

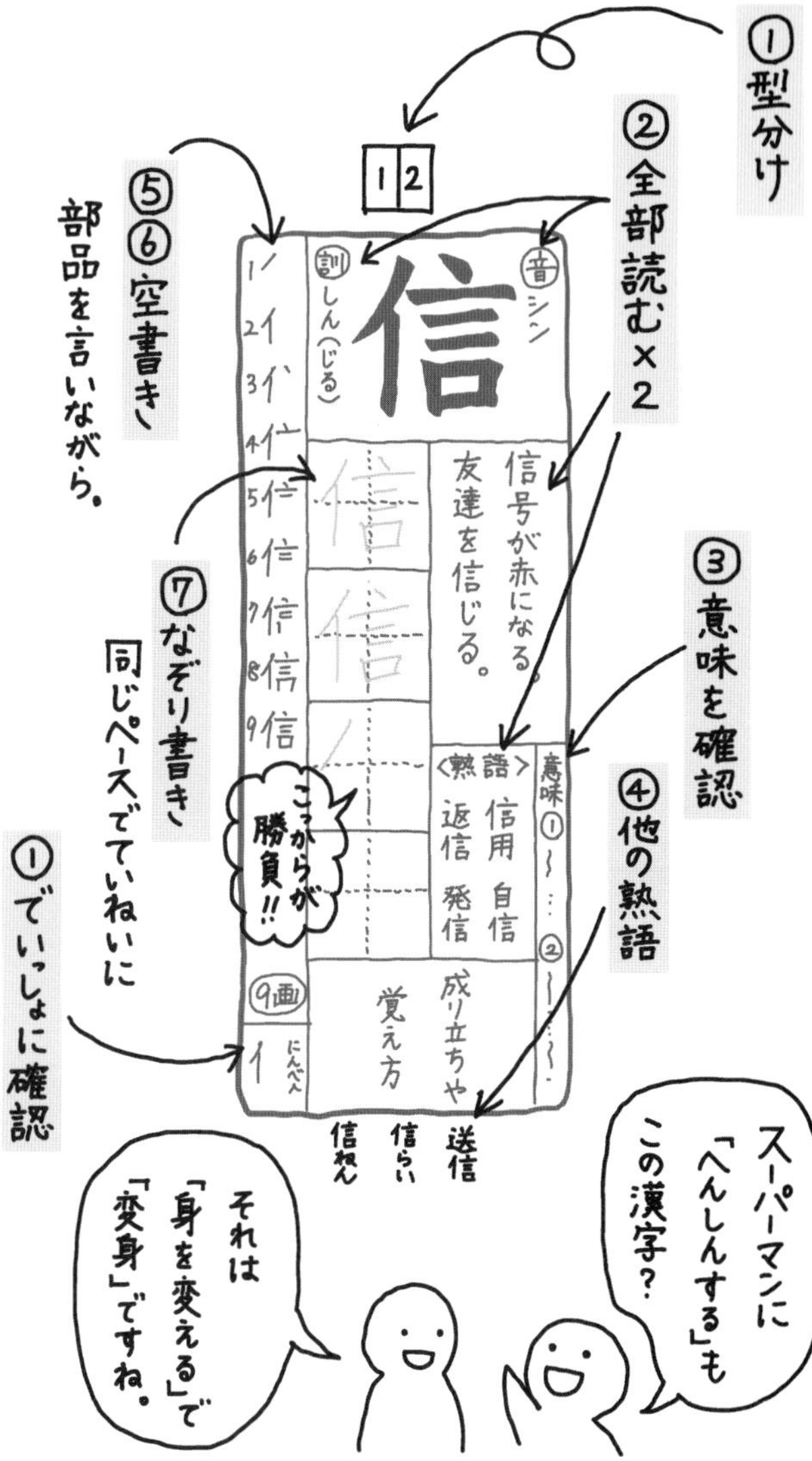

①型分け
1 2
②全部読む×2
音 シン
信
訓 しん(じる)
⑤⑥空書き
部品を言いながら。
信号が赤になる。
友達を信じる。
③意味を確認
意味① ~ ② ~
〈熟語〉
信用 返信 自信 発信
④他の熟語
送信 信らい 信ねん
⑦なぞり書き
同じペースでていねいに
ここからが勝負!!
9画
イ にんべん
成り立ちや覚え方
①でいっしょに確認
スーパーマンに「へんしんする」もこの漢字？
それは「身を変える」で「変身」ですね。

★良し悪し★

この子供の自主性を重んじない一斉型のやり方がね。時代の流れには逆行？そういえば一時期子供に一つずつ漢字を割り振って先生役をやってもらったこともあったが、より一層時間がかかるので断念。あれはあれで面白かったのだが……。

私がこの方法で好きだなと思うところは、みんなでワイワイ熟語について考える④のところである。そのせいで時間がかかるんだけどね！

やり方は星の数ほどあると思うが、「読む」「身近に感じられる」「楽しい」だけははずさず漢字と親しめるように、私も声かけをしていきたい。

5

教育業界について思うこと

研究と私　〜初めて研究発表会を見た日〜

教員になって、これって教育学部で習わなかったなあ……と思うこと。それは「校務分掌」である。大学では、英語など全学部共通の基礎教養や、子供の発達、教科教育法など、教員になるための知識を学んだ記憶はもちろんある。細かい内容を覚えているかはさておき。だが、実際に教員になると、授業や学級経営などのこれまで想像していた仕事とは別の仕事もあることを知る。

例えば、生活指導。校内生活を円滑に過ごせるようにするために動く組織。起きたトラブルへの対応や情報共有、避難訓練の計画や実施、生活目標の周知、靴箱の位置決め、校内生活のルールについての掲示物作成、安全点検の割り振り決め、セーフティ教室の提案……などなど。

特別活動、略して特活。学級活動、委員会、クラブ、行事等について。委員会やクラブの定員を決めたり担当教員を決めたり、行事に連動して代表委員を動かしたり、迎える会・子供まつり・全校遠足などの行事を提案して実行したり……。

それから、教務。これは学校生活の根幹。時間割とか時数とか、チャイムとか教材とか学籍とか……付随する事務作業がたくさんある。

運動系の行事委員会や、文化系の行事委員会。運動系ならば運動会、体力テスト、水泳指導など。文化系ならば学芸会、音楽会、展覧会、芸術鑑賞教室。

どれもこれもよく知らなかったけれど、確かに学校を運営していく上でそれぞれ欠かせないなと想像ができる。

そんな中、一番の謎が「研究」だった。なんだか部署として他のものと並列してあるけれど、何をするところ？　いつ誰がどうやって研究する？　謎ではあったが、初任の頃なんて本当に日々の授業や学級のことで頭がいっぱいで、研究について考える余地もなかった。

ある時、近隣の学校の研究発表会とやらにみんなで行くことになった。その日は学校を挙げて参加することになっていて、授業も午前中で終わり。子供たちを帰らせ、発表会に向かう。その初めて参加した研究発表会が、自分にとってとても印象的だったのだ。

まず、受付をすると、分厚い封筒が渡される。封筒には校内案内図、時程、各学級の単元などが印刷されていて、それを見ながらどこに行こうかなと考える。この日の研究内容はさっぱり忘れてしまったが、なんだか大量のどんぐりを壁に投げつけている子たちがいたので、もしかしたら生活・総合だったのかもしれない。指導案もなんだか言葉が難しくて、何が書いてあるのかよく分からない。授業を見ても何をやっているのかよく分からない。初任の経験値では歯が立たなかった。

そして授業が終わり、他の先生たちにくっついて

ものすごいセッティング！
研究発表会

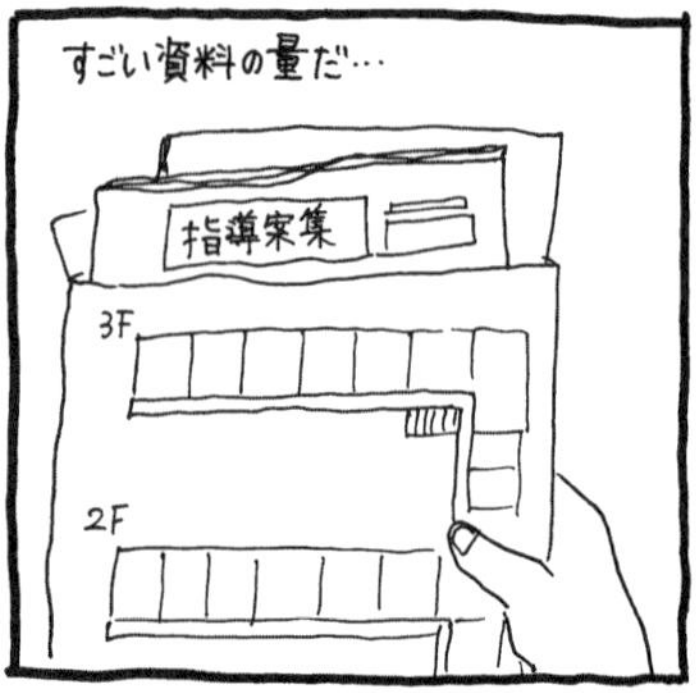
すごい資料の量だ…
指導案集
3F
2F

体育館に移動する。これから研究についての発表会があるらしい。え？何これすごい！看板みたいなのがぶら下がっているし、花も飾ってあるし、横には垂れ幕みたいなやつで研究主題とか講師の名前とかが巨大に貼り出されている！

で、教育委員会かなんかの人のあいさつが終わると、

画力がなさすぎてなかなか伝わらないと思うけれど、見たことある人なら分かるはず。なんかムダのない動きで舞台のセッティングを始めたのよ！驚きすぎて興味津々で見てしまう私。

で、肝心の発表が始まったけれど、これがまた初任の私には

発表の準備をいたします。
しばらくお待ちください。
ザッ
ザザッ
ガラガラガラガラ

何を言っているのかあまり理解できず……日頃の疲れも相まって、寝ちゃうという。

　全体を通して感じた、初めての研究発表会の感想……（右も左も分からない初任の戯言として受け止めてください！）

「壮大な茶番劇みたいだったな。」

　もう将来「ここが変だよ教育業界」とか書くなら絶対これはネタに入れなくてはと思ったくらい。今なら発表までの準備の大変さが、１／１００００くらいは理解できる。でもこの感覚も大事なものだと思っていて、教員になりたての私は「茶番劇だ」と感じたが、それもきっといつかはそんなものだと感じるようになるだろう。違う業界から転職してきたからこその感覚なのだ。

いや…あの人ねてるし…
若干いびきかいちゃってるし…
zzz
というか他にもねてる人結構いる！

そして、もれなく自分も睡魔におそわれる
すや

いやあ、もうこれは、研究と私、両者の歩み寄りが必要だ。私はもちろんこれからもっと勉強しなければならない。かと言って研究の方だって、せっかくやっているんだったらもっといろんな人に伝わるようなものにしなければいけないんじゃないか。なんだかやらされ感満載だったり、自分の言葉ではない原稿を読んでいたり。（そういう風に感じた。）そんな発表で相手に内容が届くのか？　指導案を自力でちゃんと理解できる人や、その研究に造詣の深い人だけが分かるものではなく、経験の浅い人やもっと言えば一般の人でも分かるようにするとか……。

というわけで、初めて参加した研究発表会は、かなりのインパクトを私の心に残したのだった。

私がまさかの研究主任になるまで、あと２４００日のことである。笑

なんか…あれだな…
研究発表会っていうのは…
（本当にこんなこと言って申し訳ないんだけど）
壮大な
茶番
劇」
みたいだったな。

学校公開行脚

今週は不登校支援に塾講師にと、いろいろ頑張った。久しぶりに子供相手に授業をしたが、やっぱり授業って難しい。8年教員やっていても、「この授業うまくいったなあ」と思えるような時間ってほとんどなかった。うまくいかない、悔しいなあ、という気持ちがあったからこそ、8年も続けてこられたとも言える。

最初の頃は時間の使い方も今以上に下手で、子供たちが登校したらもう嵐のように駆け抜けるしかなかった。空き時間があっても、じっくり1時間誰かの授業を見せてもらうということができなかったのだ。

そんな私が藁にもすがる気持ちでやっていたこと、それは「別の学校の学校公開を見に行く」だった。

若手のうちは、時間がうまく使えない。
宿題チェック
終わらねー

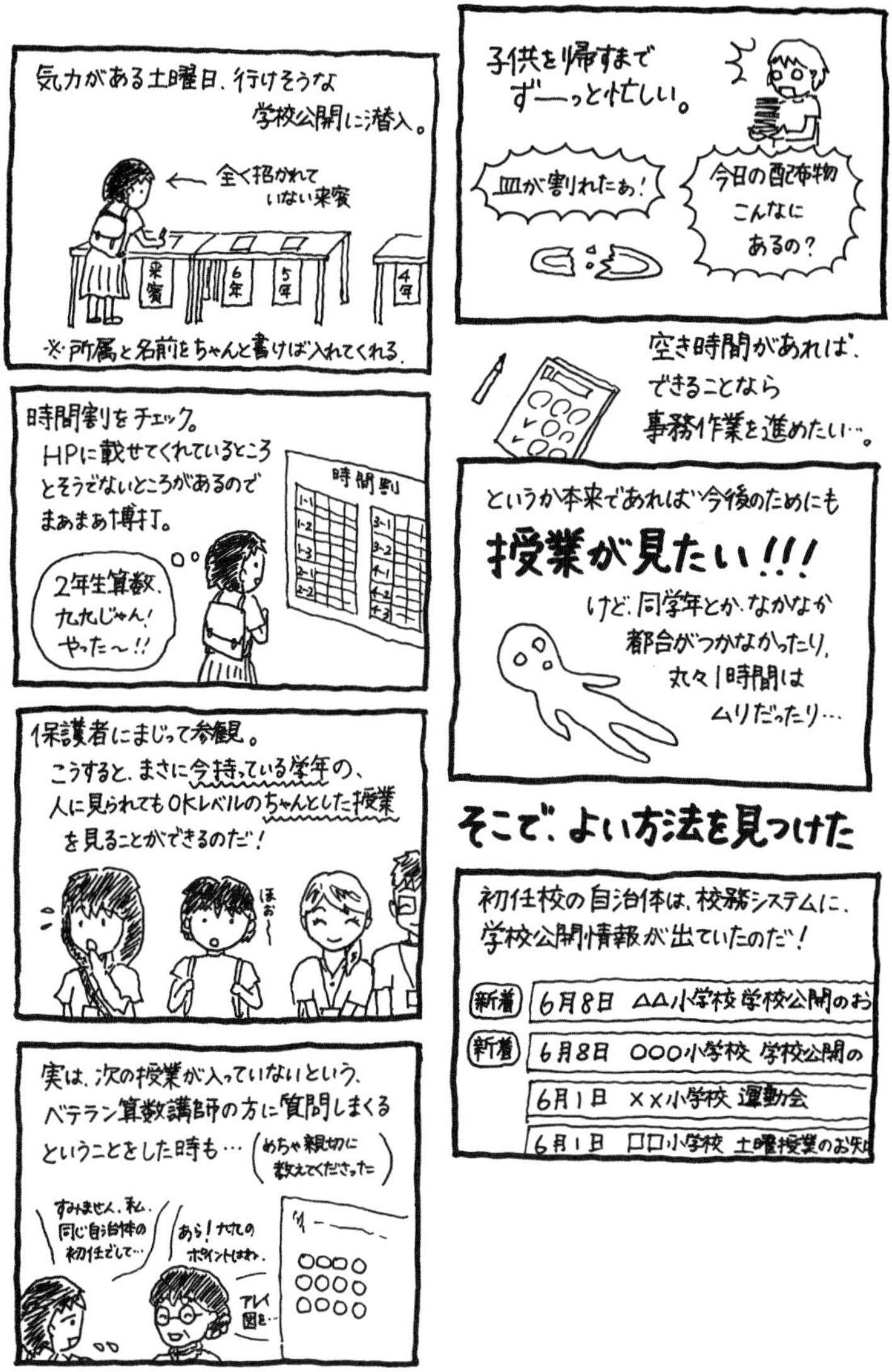
子供を帰すまで
ずーっと忙しい。
皿が割れたぁ！
今日の配布物
こんなにあるの？
空き時間があれば、
できることなら
事務作業を進めたい…。
というか本来であれば今後のためにも
授業が見たい!!!
けど、同学年とか、なかなか
都合がつかなかったり、
丸々1時間は
ムリだったり…
そこで、よい方法を見つけた
初任校の自治体は、校務システムに、
学校公開情報が出ていたのだ！
新着
6月8日 △△小学校 学校公開のお
新着
6月8日 ○○○小学校 学校公開の
6月1日 ××小学校 運動会
6月1日 □□小学校 土曜授業のお知
気力がある土曜日、行けそうな
学校公開に潜入。
全く招かれていない来賓
来賓
6年
5年
4年
※所属と名前をちゃんと書けば入れてくれる。
時間割をチェック。
HPに載せてくれているところとそうでないところがあるので
まあまあ博打。
時間割
2年生算数、
九九じゃん！
やった〜!!
保護者にまじって参観。
こうすると、まさに今持っている学年の、
人に見られてもOKレベルのちゃんとした授業
を見ることができるのだ！
ほぉ〜
実は、次の授業が入っていないという、
ベテラン算数講師の方に質問しまくる
ということをした時も…
(めちゃ親切に教えてくださった)
すみません、私、
同じ自治体の
初任でして…
あら！九九の
ポイントはね、
アレイ
図を…

コロナ禍では学校公開で保護者の入場も制限されていたくらいだから、今は使えない手法かもしれないけれど、またいつか自由に公開されることがあれば、授業に困っている人にできることの一案として覚えておいていただければと思う。

楽しかったなあ。

ちなみに、見られるのは
授業だけではない！
学級経営術
連絡帳
集めない型
チェック！
出し忘れ
防止！
机の配置
コの字型！
いつか
やってみたい！
教室やろう下の掲示
1年生も
俳句
作れるのか〜
同じ単元なのに
うちの学校と
作品クオリティ
ちがうな〜
学級目標とかも
おもしろい
このクラス…
圧…
自律
責任
完全にプライベートな時間を使ってのことでしたが、当時の自分には大変有意義でした！
当番システム
このクラス、1か月間
そうじ場所同じだ！
そんな
やり方も
あるのか〜
6月のそうじ
きゅう食

子供を育てるのは上手なのに、大人を育てるのは下手

教員って人を育てる仕事なのに、大人（後輩）を育てるのはあまり上手ではないという人、結構いるような気がする。

「あれ、そのプリントなんで配ってないの？」

「実施案に書いてあるでしょ？」

「作ったおたより見たんだけど、ちょっと直しが多いから……一旦直してからもう一回起案してもらっていい？」

業務量が多くて先輩側にも余裕がないからだろうか。そもそも1年目から担任を任せることが既に重すぎるせいで、できていないことの指摘が増えてしまうのか。自分も、若手時代にあれだけ歴代の学年主任にお世話になっておきながら、中堅になって若手と組んだら小言ばかり言う姑みたいになってしまった。悪い先輩の典型。

以前、管理職からとあるエピソードを聞き、指導する側としての自分を分析するきっかけになった。若手教員への指導の話←

ある日、校長がとある若手教員の算数を見ていたところ、たくさんの子が教科書を読んでいることに気付いた。

授業後のアドバイスで
まずは子供たちが自分で考えられるよう、教科書を見させない方がいいわね。

と、伝えたそうだ。

しかし、その次の算数でも、子供たちは教科書を見ていた…

さんすう
この間、見せないほうがいいって言ったわよね？

？

その若手教員は…

あ、でも私…

「教科書見ろ」とは言ってません…

真剣。

私だったら、こう言っちゃう…

お前は一休さんかっ！

私だったら「いやいや、見るなって言ってないかもしれないけれど、結果的に子供たちは教科書を見てるじゃない。それって意味ないよね？」と思ってしまう……というか、盛大に指摘してしまう。ところが校長は、「あ、私のこの前の伝え方だと、この人には通じなかったんだわ。」と判断して、伝え方を変えたのだろう。

もしかすると私には、「子供は未熟で、大人は成熟した存在である」と言う認識があるのかもしれない。相手が子供で、自分の指示と違うことをしていたら、「伝え方が悪かったかな」「何かやりたくないわけがあるのかな」「どうしたらこの子にとってよいだろう」と考える。けれど、大人が指示と違うことをしていたら、「ちゃんとやって

しかし、校長は違った。
ぴーん
あ、
じゃあ…
次の算数の時、「教科書は机の中にしまって」って、言ってみて？

次の授業では、みんな教科書は見ていなかったそうだ。

よ！」と思ってしまう。できることが前提なのだ。

でも……最初なんてみんなできなくて当たり前なのに……毎日元気に出勤して、できる範囲で頑張って、失敗して反省して、また明日頑張るか～って帰れたら２００点だ！

世の中の私みたいに口うるさい姑になっちゃっている方々！　若手の人たちにぜひ、できないのが当たり前、できたらすごい！というプラス視点をもって、できるような指示を出し、たくさん褒めて２００点で帰してあげていただきたい。言いたくなった小言は「さらにこうだったらもっといいね！」で伝える。ああ……本当に子供にしていることと同じだな。

※万が一、謙虚な気持ちや向上心が皆無という若手がいたら、この限りではない。

学校では教えてくれない……だと？

先日、「藝大アーツイン丸の内２０２２」の作品を見るために、小3の姪と一緒に東京駅に行ってきた。

「もし見るものがあまりなさそうだったら、本屋で本でも買って、カフェで読むのもいいよね。」という話をしたら、お母さん（私の姉）から図書カードをゲットしてきた姪。行ってみると、カフェで本を読む時間は取れなさそうだったが、せっかくなので大きな本屋で本だけ買って帰ろうということになった。ＯＡＺＯにある丸善本店である。

本屋内自由時間を20分くらい取って、待ち合わせ場所に集合。姪が、買おうと思っていた本が見当たらないというので、一緒に検索機を使って調べてみた。「学校では教えてくれない大切なこと」というシリーズだそうだ。文字を入力している姪を見ながら、もやあっとした気持ちが沸き起こってくる。学校で教えてくれない、か……。

調べてみると、シリーズでたくさんの本が出ていた。整理整頓、友達関係、時間の使い方、考える力、お金、プログラミング、お手伝い、英語、音楽、図工、科学、勉強が好きになる、勉強は役に立つ……。

え！　学校でも結構教えてるよ！

ちょっと待て、冷静になろう……。本をパラパラとめくってみる。マンガやイラストで、それぞれの内容をとても分かりやすく説明している。これは小学生ならどれも楽しく読めそうだ。しかも、誰かから言われたことではなく、自分で本を読んで「なるほどな」と思えたことは、身につきやすいだろう。

つまりこのシリーズは……親や先生が言っていたことって実はこういう理由があって……とか、これをすると将来こんな良いこと・良くないことがあるよとか、様々なことの意味や価値を分かりやすく伝えてくれているのだ。

理解した。でも……それを「学校では教えてくれない」っていうフレーズでまとめられるのがなんだかイヤなの！　授業として時間を取って教えないものもある。そして、そういうフレーズを使う方がキャッチーだから本を手に取ってもらえるというのも分かる。でも……うーん……正しくは……

学校では折に触れて伝えてくれているけれど君たちがその大切さにまだ気付けていない大切なこと

でしょう！（そんな名前の本は売れない。笑）

あー、すっきりした！

学校では教えてくれないことといえば、以前読んだｎｏｔｅの記事で、もし自分が子育てしていてもこんな教育はできないかもしれないと思ったものがあった。それは、家庭内でコーヒーを売るビジネスを子供にさせたという内容の記事である。こういうビジネス感覚が自分には欠けているなと思っている。新卒で広告会社に入った上に営業部だったのだが、

・相手が、やりたいと魅力を感じるような提案をする

・付加価値をつけて値段を上げる

など、儲けるためのアイデアが全然出てこない……。この仕事、向いていないかもなと思った要因の一つである。

商売人気質みたいなものって、本来みんな多かれ少なかれもっているのだろうか。育った環境によるものだろうか。よく考えると、家族の中でビジネスというか商売っぽいことをしている人がいない。(運輸、福祉、医療、教育など)

民間企業にいた自分でこのレベルだ。教員ってこういう商売人気質を持ち合わせていない人が多いのではないか。そうなると、記事のように起業やビジネスのことを何かのタイミングで子供に伝えるって、なかなか普段の教室の中ではできない。こういうことを小学生くらいから楽しく学べる機会があったらいいだろうな。だって……結構大切な生きる力だと思うから。

そんなことを思いつつ、何でもかんでも「学校が教えてくれる」マインドもダメだよねと思いつつ、姪の本を覗き見る私であった。

6

私の生き方・働き方

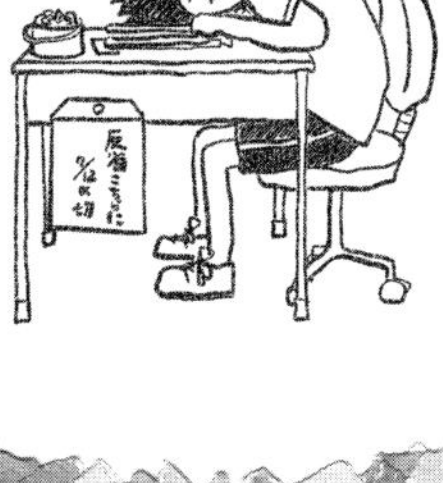

よくシュレッダーのゴミを捨てる人

大量の紙をシュレッダーにかけようとすると、かけ始めてすぐに「くずを捨ててください」という表示が出る。印刷機の電源を入れると、「マスターを交換してください」と出る。プリンターの用紙切れに遭遇。もちろん、インク切れにも遭遇。

細かいことを言い出したらキリがないけれど、そういうちょっとしたついていないようなことに遭遇したとき、私は相当時間がない場合以外はササっと対応するようにしている。

ジャンルは違うかもしれないけれど、学校で電話に出るとき、少しだけ声のトーンを上げて相手に良い印象を与えるように気を付ける。職員室で業者さんから声をかけられたら、笑顔で対応する。

こういう、給料が変わるわけではないけれどちょっとした良いことをするとき、**「徳を積んでいる」**という意識でやっている。

以前、マンガが原作のドラマ「重版出来！」を見ていて、『出版社の社長が、本当に自分の勝負したい場所で勝つために、普段から徳を積むようにしている』という話があった。情けは人のためならず……ただ単に良いことをすると気持ちが良いとか、人からの信頼を得られるとかだけでなく、運を貯めるために良い行いをするのだそうだ。

その話を聞いたから始めたわけではないけれど、何か人のためになるようなことをしたとき、徳を積むという意識ができるようになった。

「運を貯める」だけでなく、私が感じた徳を積むことの効果は……『**いざというとき、自分を信じられる**』ということではないだろうか。

本当にみみっちい話かもしれないが、自分が勝ちたいと強く思ったとき……例えば、卓球の試合でフルセットになった挙句に最終セットも五分五分で、どうしても次のポイントを取りたいときとか……バレーで、自分のサーブで相手を崩して流れを作りたいときとか……ボウリングで、緊張する投球のときとか……（スポーツばっかり！）

そういう、ちょっと手に力が入ってしまうようなタイミングで、「私はこれまで、真面目にがんばってきたんだから、絶対うまく行く！」と、自分のことを信じられるのだ。

それで上手くいくかは分からない。結局相手にポイントを取られてしまうかもしれない。それはそれでしょうがない。だけど、これまでの自分の積んだ徳を信じて、少しでも強い心で一歩を踏み出せることは、とても大きな力だと思うのだ。（事実、結構良い結果になる。）

今日もどこかで、シュレッダーの表示を前に、「またかよー！」とイラついている人に……


幸あれ！

徳を積む。

まだ
3枚目
なのに？
くずを捨ててください
なぜ
電源入れた
とたんに
「マスター交換」
出るのよ…
ここ、入学式で動線になるから
教材見本しまっとこ！
（全学年分）
5年
ズズズ
これ、後ろから校長が見てて大爆笑してた（笑）
教室行くついでに
運ぶか。
となりの
クラスのも。
ゴミ…

「え、全然忙しくないっす。」って言う！

初任校の同僚に、若手男性コンビがいた。2人が5年生を担任していた際にこちらは6年生担任だったため、同じ高学年島としてお世話になった方々だ。

このお二方の尊敬ポイント、ナンバーワンは……**「え、全然忙しくないっす。」**と言うところである。

5年生なんて学習も難しくなってくるし、思春期反抗期でちょっと生活指導的にも大変になってくるし、宿泊学習もあるしで、絶対忙しいだろうと思うのだが……。

こちらが「今ちょっと大丈夫ですか？」と聞くと、大抵「え、全然忙しくないっす。」が返ってくるのである。これは、お互いが異動して違う学校になってからも変わらずで、「久しぶり〜！どう？仕事は忙しい？」と聞いても「え、全然忙しくないっす。」なのである。

学級が大変で……校内研の授業者で……行事が立て込んでいて……久しぶりに会うと多忙を嘆く声の一言や二言聞こえてきてもおかしくないと思うのだが、そうならない。ある程度忙しいことは間違いないと思うのだが、別にこのくらいどうってことないと思っているか、忙しいところは見せるものではないと思っているか、忙しさを感知しない高い鈍感力の持ち主なのか、どれかではないだろうか。

また、2校目の学校にも、いつも「全然忙しくないよ。」「暇だな〜。」と言っている大先輩がいた。朝から「ちょっといいですか」と質問をしても、嫌な顔一つせず答えてくれる。追い込まれて焦る姿をほとんど見たことがない。

みんなどうしてそう言うのかは置いておいて、「全然忙しくないっす。」と言うことには大きな効果があると思う。

・チャンスを逃さない

常に忙しそうにしているだけで、「あの人に頼むのはやめておこうか」となってしまうケースもあるだろう。もしかしたら、貴重なチャンスを逃しているのかも。

・後輩が質問しやすい

先輩が忙しそうにしている、帰らない……。後輩としては困りものである。質問のタイミングを窺わせてしまうなんてかわいそうである。忙しさを出さない先輩のおかげで、私は安心して質問ができた。

先程の方々に学んで、できるだけ私も「全然忙しくないっす。」を使おうと意識している。が、残念なことに、「忙しさを出さない」は不得意分野のようだ。顔や態度から溢れる焦り感。「全然忙しくないっす。」と言ってみたときに顔に書いてある「いや、本当は忙しいけど！！！」の文字。かっこいい先輩は背中で語ると言うが、背中から滲み出る追い込まれっぷり。

まだまだ、修行が足りーーーーん！

給料は何に対して支払われているのか

教員の前は、ブライダルの仕事をしていた。

ブライダルと聞くと、パッと思い浮かぶのはウェディングプランナーだと思うが、私がやっていたのは「コンシェルジュ」という仕事である。式場に来たお客様を、適切な場所にご案内する。新婦の母を着付けに案内したり、列席の方をクロークやラウンジに案内したり、挙式に遅刻してきた方をチャペルにそっと案内したり、打ち合わせに来た新郎新婦をサロンに案内したり、タクシーを呼んだり、アルバイトさんのシフトを組んだり。

ブライダル業界はとても華やかで忙しく、**且つ、クレームが多い。**みんな一生に一回の大きな買い物として結婚式を開くのである。夢いっぱい。求めるものも多く、失敗が許されない。けれどいろんな考えの人がいるし、とにかく忙しいのでミスも起きる。そうなってしまうと大変だ。

プランナーほどではないが、コンシェルジュであってもクレームを受けることはあったし、ミスについて上長から怒られることもあった。

そんな時、何かのＳＮＳで、「クレーム対応で頭を下げる行為にこそ、給料が支払われている」というような投稿を読んだのだ。驚いたし、同時に、なるほどなと思った。

自分の給料は、結婚式を円滑に進めることに支払われているだけでなく、イレギュラーな事態に対応したりトラブルを解決したり、時には謝罪したりすることに対して支払われているのか。というより、円滑に進めることは当たり前で、給料の比重は後者の方が重いのかもしれない！

こう思うようになってから、仕事で多少嫌なことがあっても、「まあ、こういうことで給料もらっているわけだし。」と考えるようになった。

それは教員になってからも同じで、もちろん最初の1～2年はまず無事に日々の授業をこなし、1年間担任し続けることが大事だと思うのだが、それ以降は「子供同士のトラブルに対応する」とか「保護者からのクレームに対応する」とか、何だかため息が出ちゃうようなことがあったときに、そう思うようになった。

今の教員は確かに仕事が多すぎる。持続可能な働き方にはなっていないと思う。けれど、「クレーム対応するために教員になったんじゃない！」とか「あの学年主任となんてやってられない！」みたいな話を耳にすると、全面的にそうよねと言えない気持ちがある。

私たちの仕事は、子供と楽しく学ぶことだけに給料が支払われているのではなく、嫌なことや理不尽なことに対応したり、それを良い方に解決したりすることに支払われている側面もあると思うから。それを加味しても見合わない、やりたくない、ということであれば、別の仕事をした方がいいのかもしれない。

何が言いたいんだか分からなくなってきた……。えーと……。

世の中みんな、本当に頑張って働いていて偉い！
嫌なこともあるかもしれないけれど、まぁ多少は仕方ない。それが仕事だ。でもできる限り楽しく、やりたいことができるといいよね！

まとめ違っているかな？　まあいいか。

子供への好奇心を欠いてはいけない

時々思いついたように配信される為末大さんのvoicyを聞いているのだが、先日の内容が興味深かった。

『子供に「普段は何しているの？」と聞くと、本人がうーんと考えている間に親が「○○くんはゲームが好きなのよね。」と返答する。そこで「そうなんだ。どんなゲームが好きなの？」と更に聞くとまた子供が考えている間に「この間△△買ってあげたじゃない。あれが好きなのよね。」と親が答える。

親が代弁する。この子のことをよく知っているという自負がある。そしてその答えには親の願望も含まれている。本当は違うかもしれないのに……。これが続くと、子供は爆発したり沈黙して引きこもりになったりするのではないか。』

勝手に要約。なるほど……。これは親の子供に対する姿勢について話しているが、教員の子供に対する姿勢にも同じことが言えるのかもしれない。

「代弁しすぎると子供は沈黙していく。」

でも、気持ちをうまく表現できない子に「こういうこと？」と代弁することは手法としてよくあるし、一人一人考えるペースが違う中で、全員を十分に待つ時間が学校にはなかなかない。難しいなと思うところも多々あるのだが、この為末さんの配信の続きで、そういった状況にならないために、「好奇心を欠いてはいけない」と言っていた。

『親はこの子のことをよく知らないという前提に立って、この子はどんなことを考えている？どんな風に変化していく？と興味をもち、そして子供が何かを発するまで静かに待つしかない。』のだそうだ。これについては、個人的にはなんだか自信がある！　私、子供たちに興味津々なのだ。


そういえば以前行ったヨシタケシンスケ展でも、ヨシタケさんは子供が好きだが「子供の輪の中に入ることが好き」よりも「子供のしていることを陰から眺めているのが好き」と書いてあって、共感したのを覚えている。（私は、どちらも好きだけれど。）

これって教員にとって結構大事な資質というかマインドだと思う。こんな発問したらどんな答えが返ってくるんだろう。なぜあんな行動しているんだろう。面白いなあ。ほとんどの教員や親がこのマインドを持ち合わせていると思うのだが、驚くことにかなり少数だが子供に興味のない人もいる。

学校では、時間や人数の制限があってじっくり一人一人を見るのは難しい。担任に比べて専科だとさらに難しい気もするが、自分は子供のことを分かっていないという前提に立って、子供への好奇心を大事にし続けていきたい。

と、ここで終わるときれいなのだが、配信の最後では『自分と母との関係性では、母からの評価がないことが心地よかった。』という話が出ていた。うーん、評価がないことが心地よいのか。私も評価はできることならしたくない派だが、現実には教員としてずっと評価をし続けているのだ。

そんなことを考えながら、今日は図工専科として1年生の絵を見ていて、なんて声をかけたらいいのかちょっと分からなくなったのであった。

仕事にユーモア、大事。

先生になるような人たちには、真面目で優等生的なタイプが多いのではないだろうか。ちゃんとやらなければ。期待を裏切るわけにはいかない。（そう思うほど周りは期待していない。笑）自分のハードルを上げるのが上手で、潰れやすい。

幸いなことに私には、「真面目でありたい」と共に「面白くありたい」というマインドが備わっているようだ。そしてこの2つのマインドは、仕事をする上でも生きる上でも自分の助けになっていると感じる。

◆常にツッコむ

日々の子供たちの行動はツッコミどころ満載。なので、適宜ツッコむ・ずっこける・驚く・笑う。私がスルーするのは、絶対脱線できないタイミングとか、行き過ぎたおふざけくらいで、基本大体のことは拾ってしまう。

◆年齢を聞かれたら
「先生って、何歳?」

「うーん、今年で133かな」

高学年だとこの発言に若干引く子もいるけれど……。絶対にありえないような数字を言うのがポイント。ちなみにこれを言うと、本当は33歳なんだと勝手に思う子がいる。実はそれすらサバよんでいたりする。ダブルのトラップなのである。

◆学歴を聞かれたら
「先生って、どこの大学行ってたの?」

「うーん、マサチューセッツ工科大学かな」

「マサ……???」

意味が分からないくらいでいいんだ!

◆大したことない用で子供が職員室に来てしまったら
「失礼しまーーーす!」

「失礼でーーーす！」

教室で待っていてと言ったじゃないか〜。

◆整列の声かけ
「前へ……ならえ」「直れ」
「前へ……ならえっ！」「直れっ！」↑だんだん高速に
「前へ……ならわないっ！」ええええ〜
そういえば、これを何回か繰り返していると「ならわない」に引っかかるまいとする子が現れ出すので、こちらも負けられない。

◆いたずらを仕掛ける
1年生を担任していたときの夏、みんなが登校中に通学路でセミの抜け殻を見つけてくるので、大量にたまって夏休みを迎えてしまった。夏季プールに来た子向けにいたずらを仕掛けてみた。セミの行列〜！

楽しいが一番

年始に家族で書き初め。私が書いたのはこれ。

そうしたら、同じようなことを数年前の学級だよりに書いていたことが分かった←

◆◇◆◇◆

「楽しい」ことが一番。

以前、道徳「吹き矢の力学」で、「力」×「時間」の話をしました。より遠くへととばす、とんでいくためには、時間をかけることが大切。つまり、継続することが大切だという話でした。でも、その時にも話しましたが、もっと大切にしてほしいことが。継続するためには「楽しさ」が必要です。楽しくないと、続けたくないですよね？

私は小学校時代、理科と社会がきらいでした。受験勉強で、理科と社会は「とにかく暗記！」と思っていたし、暗記が本当に苦手だったからです。でも今、先生になってもう一度教科書を開いたら、新しい発見があったり、みんなと一緒に授業で考えるのが面白かったりと、違う楽しさを発見することができました。

みなさんにも、学ぶ楽しさを発見して継続していってほしいです。ALTとのラスト授業、最後のメッセージは力強く、「みんな、中学でも英語を楽しんで！」というものでした。「英語をしっかり勉強して！」ではなかったです。

このクラス、楽しむ力、とっても高いので、この点あまり心配しておりません。ひとつ、言うならば！

分かったりできたりすることが、楽しいと思うことの一歩でもあります。みなさん、4月に伝えたあの言葉をもう一度……

「人間は、話を聞きます！」

◆◇◆◇◆◇

つまり、自分の根っこにある考えはここにあって、変わっていないということ。

自分も学ぶことを楽しみ、それが子供たちにも伝わりますように。

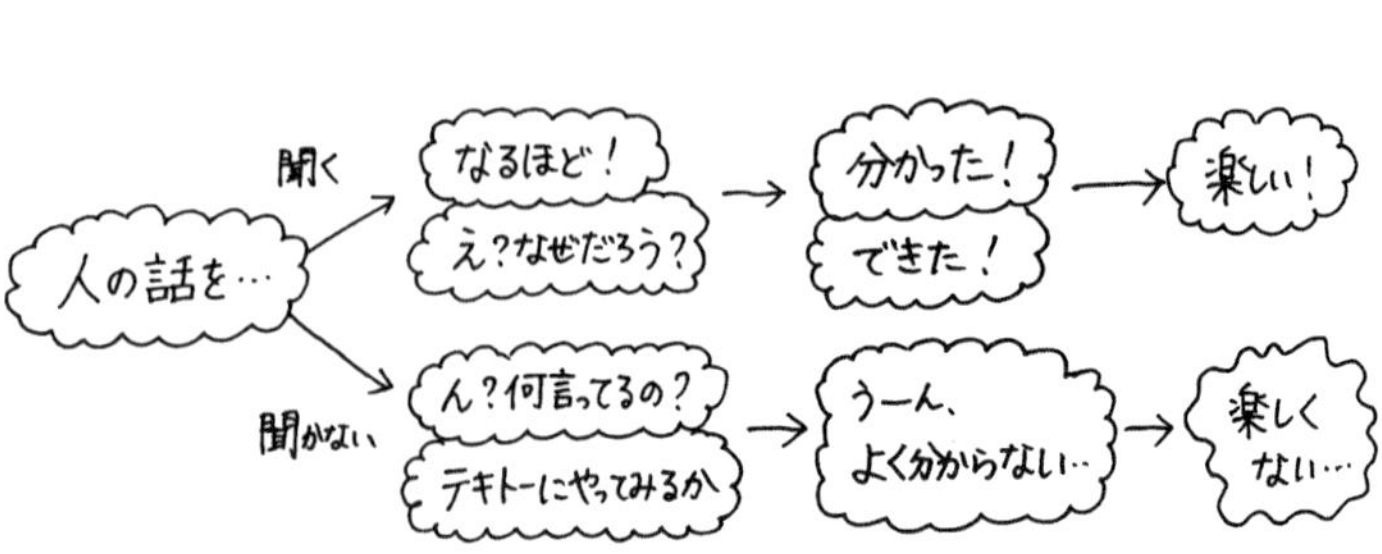

人の話を…
聞く
なるほど！
え？なぜだろう？
分かった！
できた！
楽しい！
聞かない
ん？何言ってるの？
テキトーにやってみるか
うーん、
よく分からない…
楽しく
ない…

明日も元気に学校に来てください

2024年1月17日　第1刷発行

著　者　人生《じんせい》に悩《なや》むみゃー先生《せんせい》

発行者　太田宏司郎

発行所　株式会社パレード
　　大阪本社　〒530-0021　大阪府大阪市北区浮田1-1-8
　　　　　　　TEL 06-6485-0766　FAX 06-6485-0767
　　東京支社　〒151-0051　東京都渋谷区千駄ヶ谷2-10-7
　　　　　　　TEL 03-5413-3285　FAX 03-5413-3286
　　https://books.parade.co.jp

発売元　株式会社星雲社（共同出版社・流通責任出版社）
　　　　　　　〒112-0005　東京都文京区水道1-3-30
　　　　　　　TEL 03-3868-3275　FAX 03-3868-6588

装　幀　河野あきみ（PARADE Inc.）

印刷所　創栄図書印刷株式会社

ISBN 978-4-434-33095-7　C0037